基于SWOT的“一带一路”共建国家国际中文教育发展战略研究

雷莉　等著

创于1897 商务印书馆 The Commercial Press

本书作者名单

雷　莉　　张亚朋

黄川蓉　　陈　雯

潘毓昉　　雷思佳

目 录

第一章　基础概览：“一带一路”与国际中文教育　1

第一节　“一带一路”与国际中文教育　2

第二节　聚焦“一带一路”共建国家　7

第三节　理论基础与研究方法　12

第四节　研究思路与框架图解　17

第二章　宏观结构：“一带一路”共建国家国际中文教育生态环境　19

第一节　“一带一路”共建国家语言文化生态　20

第二节　“一带一路”共建国家的中文传播历史脉络　28

第三章　微观条件：“一带一路”共建国家国际中文教育现状与趋势　43

第一节　“一带一路”共建国家国际中文教育发展现状：多元联动与路径深化　44

第二节　“一带一路”共建国家国际中文教育特点：纵深推进与数字转型　59

第三节　“一带一路”共建国家国际中文教育发展趋势：个性发展与智能升级　70

第四章　向内求索："一带一路"共建国家
国际中文教育内部条件分析　75
第一节　持续发力：稳定发展的中外双边交流　75
第二节　时代馈赠：利好的社会发展环境　79
第三节　发展瓶颈：滞后的教学资源建设　100
第四节　认知壁垒：棘手的语言文化差异　119

第五章　向外探究："一带一路"共建国家
中文教育的外部条件分析　133
第一节　共建"一带一路"倡议为中外交流与合作持续助力　133
第二节　"中文+职业技能"成为中外交流合作新载体　142
第三节　数字化浪潮下教育的数智化
转型契机与长远发展　152
第四节　百年大变局中的挑战与机遇　163

第六章　多维发力："一带一路"共建国家国际中文教育发展对策　169

第一节　S-O：发挥政策与渠道优势，推动国际中文教育高质量发展　170

第二节　W-O：秉持共商共建共享理念，攻克国际中文教育现存难题　176

第三节　S-T：立足技术优势与文化底蕴，应对新形势下的风险挑战　182

第四节　T-W：深入推进语言文化交流，助推中外语言文化融通　187

结　语　197

参考文献　203

第一章 基础概览：“一带一路”与国际中文教育

共建“一带一路”倡议已提出十余年，“一带一路”合作之树不断开花结果。十多年来，中文在促进“一带一路”共建国家的中外融通、深化合作等方面做出了积极贡献。作为新的国际性交流语言，中文的地位将被重新评估。

本书以 SWOT 战略管理理论为指导，基于“一带一路”共建国家在共建“一带一路”倡议中的战略地位，以及这些国家国际中文教育发展的典型性与代表性，选取亚洲的印度尼西亚、巴基斯坦，欧洲的俄罗斯、意大利①，非洲的埃及、肯尼亚等国家的中文教育为研究对象。在深入调研的基础上，以宏观与微观相结合、兼顾学理性与战略性的方式，对其展开系统性研究。

① 共建“一带一路”客观实在地推动了中文在意大利的传播与发展，为中意文明交流奠定了基础。2023 年底，意大利宣布不再续签共建“一带一路”合作协议。

第一节 “一带一路”与国际中文教育

国际中文教育在“2019 年国际中文教育大会”之后受到业界广泛关注。作为构建人类命运共同体的重要实践平台，共建“一带一路”倡议在推进实施的过程中对国际中文教育的需求日益显著。

一、共建“一带一路”倡议的提出

“一带一路”是“丝绸之路经济带”和“21 世纪海上之路”的合称，贯穿亚欧非大陆。2013 年 9 月 7 日，中国国家主席习近平在哈萨克斯坦纳扎尔巴耶夫大学发表重要演讲，提出共同建设“丝绸之路经济带”。2013 年 10 月 3 日，习近平在印度尼西亚国会发表重要演讲时强调，中国愿同东盟国家共建 21 世纪“海上丝绸之路”。2013 年 11 月 12 日，中共十八届三中全会审议通过的《中共中央关于全面深化改革若干重大问题的决定》明确指出，加快同周边国家和区域基础设施互联互通建设，推进“丝绸之路经济带”“海上丝绸之路”建设，形成全方位开放新格局。2013 年共建“一带一路”倡议提出后，各种相关的配套政策和文件也相继出台，“一带一路”建设逐步展开。

二、“一带一路”与国际中文教育

（一）“一带一路”共建国家的中文教育

将中文纳入“一带一路”共建国家和地区的教育体系是“一带一路”建设的重要部分。截至 2023 年，全球已有 80 多个国家和地区将中文纳入教育体系。越来越多的国家主动将中文纳入本国国民教育体系，有助于提高中文的国际语言地位，推动中文成为"全球性语言"。这标志着中文国际传播开始向纵深发展，中国语言和文化的影响力在不断提升。

印度、巴基斯坦、埃及、荷兰、肯尼亚、意大利等国已经或正在尝试将中文纳入基础教育阶段；印度尼西亚、泰国、马来西亚、俄罗斯等国家则将中文教育纳入基础教育和高等教育等阶段，相当于将中文教育贯穿教育全过程。印度尼西亚、泰国、印度、埃及、肯尼亚等国家将中文作为选修的语言课程，巴基斯坦将中文作为必修课；马来西亚、俄罗斯、荷兰、意大利等国家还将中文相关的语言测试纳入水平或等级测试体系。

除了学历教育之外，更多与中文相关的短期课程、游学项目、职业教育等有序开展。中文教师除了培训访问外，也会到合作院校进行科研合作。如中国与马来西亚签署跨境教育培训合作协议，涉及科学技术、文化、军事、医疗等多个领域。中巴两国致力于发展职业中文教育，巴基斯坦鲁班工坊是中巴两国在职业教育领域的一次全新深度合作。陕西铁路工程职业技术学院与巴基斯坦开伯尔－普赫图赫瓦省高等教育厅展开合作，签署《中国－巴基斯坦"一带一路"国家骨干技能人才联合培养合作备忘录》；四川西南航空职业学院在巴基斯坦探索创建"泛美航空学院"，共同打造中巴航空文化教育走廊等。埃及的孔子学院也与一些大学联合开办专业中文培训班，将专业与中文紧密结合，有针对地开展中文教学。

孔子学院为全世界中文学习者提供了便捷、高效的学习条件。随着"中文热"在全球不断升温，孔子学院（课堂）已经成为中文国际传播的品牌形象，借助孔子学院的支点作用，可以有效传播中华文化，促进我国与其他国家之间的文化交流与沟通，增进他国对我国的了解，树立良好国家形象。

（二）语言文化传播助力“一带一路”

中文及中华文化国际传播是与别的国家、文化体系进行信息交流活动，其目标之一是从信息接收国变为信息输出国，并创造一个有利于我国发展的国际舆论环境，取得更广泛的国际支持与合作。面向国际社会传播中文是为了让世界上更多的人了解、认识并理解、认同中国，在跨文化交流中消除其他社会群体和组织对中国的偏见，增强中华文化的吸引力和国际影响力。

随着全球化的发展以及共建“一带一路”倡议的推进，中国更加积极地参与全球治理，构建人类命运共同体。在此过程中，中国与世界各国，尤其与“一带一路”共建国家的交流与沟通变得更加频繁与深入。作为国家间传达意义、沟通感情和增强合作的桥梁，语言和文化已成为实现国家间互联互通的重要纽带，发挥着日益重要的作用。

共建“一带一路”倡议目前覆盖亚、欧、非三大洲，涉及六十余个国家，影响人口约 45 亿。“一带一路”共建国家和地区语言文化丰富多样，具有鲜明的区域特色——仅官方语言就有数十种，主要民族语言达上百种之巨；民族众多、宗教各异，文化差异巨大，不同文明板块间存在断层。“一带一路”共建国家的语言和文化多样性是宝贵资源，但也易诱发冲突与动荡，成为各国合作融通的阻碍。

语言和文化是构建国际话语体系的基础，也是促进国际交流和理解的润滑剂。中文及中华文化的传播不仅有利于我国国际话语体系的构建，增强中文在参与全球治理中的作用，还能够促进“一带一路”共建国家实现“五通”（政策沟通、设施联通、贸易畅通、资金融通、民心相通）交流合作，助力共建“一带一路”倡议持续深入推进。

“五通”是“一带一路”建设的重要内容。其中，“政策沟通”是重要保障，旨在构建政府之间多层次政策沟通机制，增强互信，达成共识。在此过程中，无论是政府之间的沟通交流，还是政策的表述与上传下达，都需借助语言进行。同时，交流沟通和政策制定要本着求同存异的原则，尊重和理解对方的文化，在包容理解中达成共识。“设施联通”是优先建设的领域，在此过程中，技术标准的对接、基础设施的合作建设、运输规则的制定、物流信息化的合作等均涉及语言和文化的交流沟通。“资金融通”是“一带一路”建设的重要支撑。加强资金融通可以为“一带一路”建设创造稳定的融资环境，积极引导各类资本参与实体经济发展和产业链创造。“贸易畅通”是“一带一路”建设的重点内容。为构建良好的贸易环境，我国与共建国家共同商讨并推动自由贸易区建设，就消除投资和贸易壁垒进行协定磋商，深化金融合作，加快投融资体系和征信体系建设。上述每一环节都离不开语言沟通和文化交流的支持。增进“一带一路”共建国家对中文和中华文化的了解和使用能够大大降低沟通合作成本，达成高效区域经济合作。“民心相通”是社会根基，通过开展与“一带一路”共建国家的学术交流、人才交流、媒体合作、青年交往等，为共建“一带一路”倡议的深入推进夯实民意基础。“民心相通”依靠语言文化互通——语言铺路，文化先行。语言文化传播是“民心相通”的重要途径，是“一带一路”共建国家“打通人脉，互通人心”，实现互联互通的必由之路。

语言像个“胶囊”，传递着文化，蕴藏着价值、信仰、世界观。语言是思想的“具象”和存在的“家园”，是开启文明的“钥匙”，是“一带一路”共建国家理解熟悉、包容欣赏彼此文化的桥梁。文化的传播交流、心灵的沟通凝聚，都需要语言的作用。语言是文化的重要组成部分和承载者，也是身份认同和情感依托的重要媒介。打造“民心相通”的“一带一路”共同体，需要“一带一路”共建国家民众在跨文化交流中增进对彼此文化的了解。要实现这一目标，首先必须跨越语言隔阂。语言互通是推动中华文化在“一带一路”共建国家传播的重要依托。

推进共建“一带一路”倡议既需要经贸等硬实力支撑，也需要文化等软实力助力。文化的认同与融合是各国建立邦交，推动政治互信、经济共赢的重要前提。借助中国语言文化传播，可以达成不同国家与地区间的战略谅解与利益共享。中国已通过各种双边或多边机制，构筑了多层次、多渠道、多领域的外交与区域合作网络，但由于文化差异，各方仍存在分歧、误解与争执。立足共建国家多元文明的差异，通过语言沟通、文化交流等方式可以减少猜疑、增强互信、化解危机、消除壁垒，推动中国与“一带一路”共建国家关系持续稳定发展。

中文及中华优秀文化的传播有助于“一带一路”共建国家和地区增进对中国文化的了解，以及对共建“一带一路”倡议的认同。让世界更清晰、正确地认识中国，语言传播是重要的切入点。通过语言文化的传播，我国可以向世界传播中国精神，树立良好的国际形象，提升国际影响力，增强国际话语权。

第二节　聚焦“一带一路”共建国家

“一带一路”共建国家和地区的中文及中华文化传播是一个双向互动的过程。要实现多元文化环境中的文明融通，我们就必须突破本土文化的束缚，置身于对方文化，了解其宗教信仰、传统习俗、文学艺术等方面的特点。

基于共建国家在共建“一带一路”倡议中的战略地位，及其在国际中文教育的典型性与代表性，本书选取亚洲的印度尼西亚、巴基斯坦，欧洲的俄罗斯、意大利，非洲的埃及、肯尼亚这六个代表国家作为研究对象。

一、亚洲：极具活力的战略高地

亚洲是面积最大、人口最多的大洲，也是“丝绸之路经济带”和“21 世纪海上丝绸之路”的起点与主要连接地区。随着共建“一带一路”倡议的推进，亚洲各国在外贸投资、基础设施和文化领域与中国的合作不断加强。同时，由于地理、历史等多重因素的影响，印度尼西亚、泰国、马来西亚、新加坡等国拥有大量的华人群体。这为国际中文教育的发展提供了良好的环境，使得亚洲成为当今国际中文教育最具活力和潜力的战略高地。

作为东盟最大的经济体，印度尼西亚不仅是中国的友好海上邻邦，还与中国建立了全面战略合作伙伴关系，是共建“一带一路”倡议的重要支点国家。2013 年，习近平主席在访问印度尼西亚期间提出共建“21 世纪海上丝绸之路”的倡议。提升两国的战略伙伴关系，实现海上的互联互通，既能有效推动印尼实现海洋强国的战略目标，也有助于中国与东盟连接，使亚太经济圈结合得更加紧密。中国与印度尼西亚在多个经济领域具有很强的互补性与良好合作的远景，“一带一路”框架下的深入合作不仅有利于两国的经济发展，也有利于两国的双边合作。首先，中国是印度尼西亚的主要出口国与进口国。其次，目前中国内地是继新加坡、日本和中国香港地区之后，印度尼西亚第四大外资来源地。另外，中国与印度尼西亚在金融领域的交流也日益密切。自建交以来，中国与印度尼西亚之间的合作不仅涉及经贸领域，还扩展到了教育、卫生、旅游、文化等多个领域。人文交流机制会议作为落实共建“一带一路”倡议的重要举措，是两国文化关系发展的重要支柱。此外，两国地方政府间的交流亦十分活跃。

巴基斯坦作为中国传统睦邻友好国家，是“一带一路”建设的重要支点国、重要连接国和重要示范国。中文和中华文化在巴基斯坦传播也比较广泛、深入。中巴经济走廊是北起中国新疆喀什、南至巴基斯坦西南港口瓜达尔港的一条包括公路、铁路、油气管道及光缆等的贸易通道。中巴经济走廊是共建“一带一路”倡议的“旗舰项目”和“样板工程”，对“一带一路”建设具有重要示范意义。得益于两国政府及企业的关注与推动，中巴经济走廊的很多项目建设一直保持很好的发展势头，很多能源、交通、港口的项目建设得到全面落地，并继续取得积极进展。巴基斯坦的中文课程始于 20 世纪 60 年代初。1970 年，巴基斯坦成立了国立伊斯兰堡现代语言学院，中文系是该院建立最早的系之一。现在，由于共建“一带一路”倡议及相关中巴外交政策的影响，巴基斯坦加快了推广中文的速度，在公共部门和私营机构都有相应的中文课程。

二、欧洲：文明互鉴的汉学典范

共建“一带一路”的欧洲国家通常占据重要的海陆交通位置，经济发展水平较高，科学技术先进，教育高度发达。在汉学传统、政策支持、经济交往、人文互动的共同驱动下，中文正被更多的欧洲国家纳入国民教育体系。欧洲作为世界上汉学研究历史最悠久的地区之一，以汉学为媒介和窗口，帮助广大欧洲青年及学者深刻理解中华文明，深入研究当代中国，在促进国际中文教育发展和中外学术交流方面发挥了典范作用。

俄罗斯位于欧亚大陆北部，不仅是世界上面积最大的国家，还是中国重要的战略合作伙伴。俄罗斯地跨欧亚两大洲，是“丝绸之路经济带”上的重要通路，对中亚和中东欧地区具有较大的影响力。共建“一带一路”倡议提出后，俄罗斯便积极地寻求与中国的对接，将欧亚经济联盟与“一带一路”结合，以“创造者”而非仅“参与者”的身份加入“一带一路”建设中。双方陆续就能源合作、高铁建造等达成了一系列协议。中俄两国人民在历史上的直接接触始于13世纪，俄国的使臣、商人、传教士是最早的中文学习者。1728年，中俄签订了《恰克图条约》，规定了学习中文的相关条款，为俄国汉学的早期发展奠定了基础。俄国汉学家在学习中文的过程中翻译了大量的中国典籍，编辑了词典，促进了俄国汉学的民族化。在20世纪末，俄罗斯汉学已充分发展，形成了一支高水平的汉学家队伍。

意大利首都罗马在多个世纪里曾是西方文明的中心，是古代丝绸之路的终点，也是当今“一带一路”的交会点。意大利对共建“一带一路”倡议积极响应。2017年5月16日，意大利总理保罗・真蒂洛尼来华参加“一带一路”高峰论坛时强调，要加强两大文明古国间的人文交流，建立文化合作机制。15、16 世纪，欧洲许多传教士远赴中国进行传教活动，并向西方世界带去了中文。明朝时期，意大利传教士利玛窦来华传教的同时，也学习了中文和中华文化，为西方早期的中文教学留下了宝贵的经验。17 世纪意大利的汉学已经走在了世界前列，意大利在中文教育上虽然没有建立完全的学科，但意大利人的中文学习意识却领先于欧洲其他国家。“20 世纪上半叶，受益于中意两国共产党之间的互派留学生协议，少数意大利留学生得以来华学习汉语。”① 由此，意大利学习中文人数开始稳步增加。20 世纪中叶，尤其是 70 年代中意建交以后，中文教育在意大利显著复苏。中意两国赴对方留学人数日渐增多，意大利政府除了接受中国留学生以外，还与中国政府签订协议，为“马可波罗”和“图兰朵”计划的学生专门提供名额。截至 2020 年 7 月，意大利的孔子学院已达到 12 所，几乎每年教育部中外语言交流合作中心都会派志愿者到意大利孔子学院任教。

三、非洲：蓬勃发展的新生力量

中国是最大的发展中国家，非洲是发展中国家最集中的大陆。中非双方在政治上平等互信、国际事务中团结协作、文化交流上多元融合，走出了一条特色鲜明的合作共赢之路。近年来，非洲各国民众的中文学习热情与日俱增，非洲各国陆续将中文纳入国民教育体系，为中非世代友好持续培养生力军。

肯尼亚位于非洲东部，赤道横贯其中部，是人类发源地之一。

① 孙浩峰、王辉：《中国语言文化在意大利的传播》，《中国社会科学报》2023 年 6 月 19 日第 6 版。

郑和七下西洋，多次抵达东非沿岸。21 世纪以来，中肯两国关系发展迅速，在政治、经贸、文化等领域的交流合作成果丰硕，肯尼亚也将加强与中国的合作作为其外交政策的重点之一。作为东非工业最发达的国家，肯尼亚拥有优越的地理位置、便捷的海陆交通，是“一带一路”蓝色经济通道的重要战略支点，也是“21 世纪海上丝绸之路”建设的重要合作伙伴。1963 年，中国与肯尼亚正式建交。建交后，中肯于 1980 年 9 月签署文化合作协定。两国于 1994 年签订高等教育合作议定书，中方向肯尼亚埃格顿大学提供教学科研仪器，并派遣 2 名教师。2005 年，中方在内罗毕大学建成非洲第一所孔子学院。2008 年，中肯建立肯雅塔大学孔子学院。2012 年中肯建立埃格顿大学孔子学院和内罗毕广播孔子课堂。2015 年 3 月，中肯建立莫伊大学孔子学院。这些举措推动了中文在肯尼亚的传播。近年来，肯尼亚与中国在基建、通信、经贸和教育领域密切合作，取得了令世人瞩目的巨大成就。其中，中肯职教项目以工程援建项目为依托，强调产教融合、校企合作和多层次双向交流，是共建“一带一路”倡议背景下比较有代表性的职业教育国际合作案例。

埃及作为四大文明古国之一，地跨非洲和亚洲，是欧亚非三大洲的交会地。作为“一带一路”的重要枢纽与支点国，埃及在非洲和阿拉伯世界均具有重要影响。此外，埃及也是首个与新中国建交的非洲和阿拉伯国家。2013 年，中国提出共建“一带一路”倡议，作为“非洲板块”的一部分，埃及由于其独特的地理位置，在“一带一路”建设中的作用越来越重要，正日益成为海上和陆上贸易往来的关键枢纽。共建“一带一路”倡议契合埃及的发展需求，由此埃及与中国签署了“一带一路”谅解备忘录，开启了中埃合作新篇章。埃及的中文传播主要体现在其中文教育方面，随着中文教育的发展，中文在埃及得到了更广泛的传播。另外，埃及的汉学家、汉学研究中心对中国文化和语言的研究也促进了中文在埃及的传播。中埃教育合作主要是高校间的合作，早期集中在语言教学层面上。为了全面深化两国人文领域的交流，多所中国高校与埃及高校展开了广泛的合作。为了满足埃及现代化建设对人才的需求，中埃职业教育的国际合作也在持续加强。2019 年 4 月，习近平主席会见来华出席第二届“一带一路”国际合作高峰论坛的埃及总统塞西时提出，将在埃及设立鲁班工坊，向埃及青年提供职业技能培训。2020 年埃及鲁班工坊建成并使用。2023 年，鲁班工坊专业教学标准被纳入埃及国民教育体系。埃及鲁班工坊成为我国职业教育走进埃及的桥梁，对埃及乃至阿拉伯地区产生重要影响。在学术交流上，中国人民大学与埃及艾因・夏姆斯大学合作成立了“一带一路”合作研究中心，进一步促进了两国在教育领域的合作与发展。

第三节　理论基础与研究方法

一、理论基础

（一）SWOT 模型：多维系统的全景图谱

20 世纪 80 年代，美国管理学教授韦里克（Heinz Weihrich）提出 SWOT 分析法，又称态势分析法。这一方法后来成为战略研究领域中广泛应用的分析工具。SWOT 分析法将内部资源和外部环境等各方面内容有机结合起来，分析研究对象的优势（Strengths）、劣势（Weaknesses）、机会（Opportunities）和挑战

（Threats）。其中，优势、劣势主要着眼于研究对象的内部，机会和挑战重点研究外部环境的变化和影响。SWOT 分析有助于研究对象认清现实，从而趋利避害，降低战略风险。

外部因素	**内部条件**	
	优势（S） ①…… ②…… ③……	**劣势**（W） ①…… ②…… ③……
机会（O） ①…… ②…… ③……	**S-O 战略** 依靠内部优势 利用外部机会	**W-O 战略** 利用外部优势 克服内部劣势
挑战（T） ①…… ②…… ③……	**S-T 战略** 依靠内部优势 回避外部挑战	**W-T 战略** 减少内部劣势 回避外部挑战

图 1.1　SWOT 矩阵图

如图 1.1 所示，该方法将研究对象的主要内部优势、劣势，以及外部机会、挑战等各方面的内容进行综合概括，依据其重要性和关联性进行矩阵排列，用系统分析的方法梳理各因素之间的相互联系，从而得出具有一定决策性的结论。具体分析模型及操作路径如下：

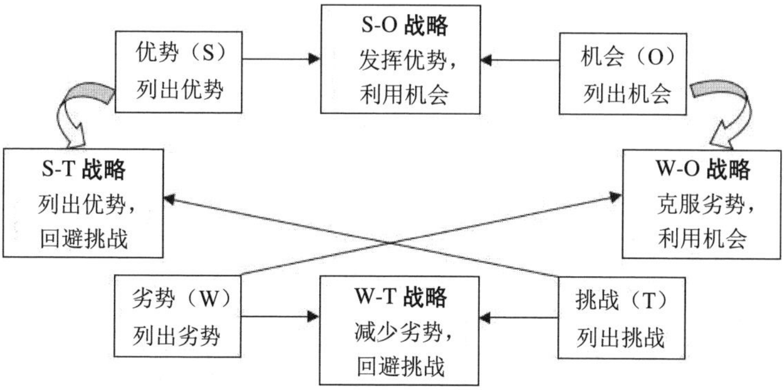

图 1.2　SWOT 态势分析图

如图 1.2 所示，SWOT 态势分析法综合考量了分析对象的内部优势与劣势，以及外部机会与挑战，清晰揭示了客体在发展过程中可能面临的潜在机会和风险。这种方法有助于组织集中资源和行动于自身的核心竞争力和最大机遇领域，从而使战略规划更加明确和有效。“一带一路”共建国家国情、舆情、语情复杂，中文需求度及教育发展程度不一且始终处于动态变化之中。全面分析“一带一路”共建国家与国际中文教育相关的发展环境的模型要素是一项复杂的系统工程。本书基于 SWOT 态势分析模型，通过宏观及微观生态结构的历时梳理与现状调研，对六个国家国际中文教育发展的内外部态势和复合型战略进行研究。该分析方法既可以节省系统分析所需的人力、财力、时间投入等方面的操作成本，也能有效融合对内外环境的主客观分析，充分发挥竞争与合作的双重效能，系统呈现矩阵不同区域的分析意义。本书旨在对“一带一路”共建国家国际中文教育发展形成全景认识，并立足现实、统筹规划、增强补弱、创新发展，多角度、多层面、多样态推动国际中文教育学科更好地服务于国家战略部署。

（二）跨文化传播学：语言文化的相融机理

“跨文化传播学是一个阐释全球社会中不同文化之间社会关系与社会交往活动的知识系统。”[①] 文化基于符号，语言作为最重要的符号系统，表达、体现、象征文化现实，让文化得以积累和延续。语言是文化的载体和媒介，也是文化核心的，甚至是最具影响力的部分。文化特性也制约着语言编码，文化在某种程度上可

① 王妍：《跨文化传播学研究的三个维度》，《传媒》2018 年第 14 期。

被看作语言系统的深层机制。文化传播引起传播对象的文化变异，为文明互鉴提供契机。因为传播是交互与共享的，双方的文化资源互传互补，文化性质由异趋同。语言传播使文明间沟通更顺畅，文化传播使文明间理解更深入。语言文化传播与交流是国家、地区间各类合作的基础，是构建人类命运共同体的途径之一。

“一带一路”共建国家国际中文教育面临的是充满着多样性、未完成性、多元选择性、开放差异性的国际环境和社会情境。在这个复杂多变的世界中，引入跨文化传播学有助于推动不同文化间的平等交流、尊重和融合。同时，积极建构与人相适应的“语言文化融合机制”，可以推动文化间的深度互动，进而打造一个绿色、和谐的精神家园。

本书将以尊重文化差异为前提，从以往的静态对比研究转向动态国际研究，重新架构跨文化传播学的理论维度，充分考察中文和中华文化在亚、欧、非三个大洲的传播现状与相关影响因素，力求对影响中文传播的情境语境、历史脉络、社会规范和特定行为等因素进行全面考察与分析。本书融合共时现状和历时演进双重视角，以区域国别为横坐标，关注“一带一路”共建国家国际中文教育新形势下的时代发展特性，以人文交流历史为纵坐标，梳理对象国语言教育发展演进规律同中文及中华文化的相融性机理，实现对其中文教育和中华文化国际传播的全景式观察。

二、研究方法

（一）宏观系统分析法

宏观系统分析法主要基于系统论，探究对象的总体特征，制定解决问题的总体方案，在全面且系统地对研究对象进行分析之后，从整体上把握问题本质和规律。该方法有宏观把握、系统分析、解决方案、理论发现四大基本特征，较适合用于国际中文教育的研究。

相对于纯语言学研究，“一带一路”共建国家的中文教育研究牵涉国际局势、时代背景、国家政策、人文交流等内容，覆盖面更广泛，采用宏观系统分析法能帮助研究者从国际、国别、区域中文教育的宏观层面通观全局，把握主题，有助于鉴别、筛选有价值的材料，以进行综合分析，进而获得整体性、系统性、综合性的成果。

（二）全球视野比较法

全球视野比较法是与国际中文教育实践高度契合的一种研究方法。该方法强调在全球视野之下，在洲际、国家、区域之间，基于研究对象各异的文化背景及语言背景，做定量和定性的比较研究。

“一带一路”共建国家的国情、舆情、语情复杂多变，要将这些国家的中文教育发展状况阐释清楚，需要运用广泛的全球视野比较研究。大至中文教育的国别综合比较、地区比较、各个纵向领域的专题比较等，小至不同国家中文教育政策、教学资源、教学法（含教学模式）、中文师资培养、中文教育状况等方面的研究。将全球视野比较法应用于国际中文教育研究，可以发现比较对象之间的差异、特征、规律。如马来西亚与新加坡中文教学之间的比较；印度与巴基斯坦孔子学院课程开设情况的比较；各大洲孔子学院和孔子课堂的整体比较或特点方面的比较；欧洲地区与北美地区中文传播的比较；针对英语母语者与法语母语者在中文教材编写中的语言文化问题比较；等等。这些比较研究有助于我们得出系统全面的结论，提高研究成果的学术价值和应用价值。

第四节 研究思路与框架图解

本书将在充分调研的基础上，梳理"一带一路"共建国家国际中文教育的背景、发展历程、现状以及特点。通过运用SWOT态势分析法，分别从优势、劣势、机遇和挑战四方面对国际中文教育面临的发展条件进行系统的总结与分析，并从"S-O""S-T""W-O""W-T"四个维度，从宏观和微观两个层面，在共建"一带一路"倡议背景下对面向"一带一路"共建国家和地区的国际中文教育提出相关对策与展望。

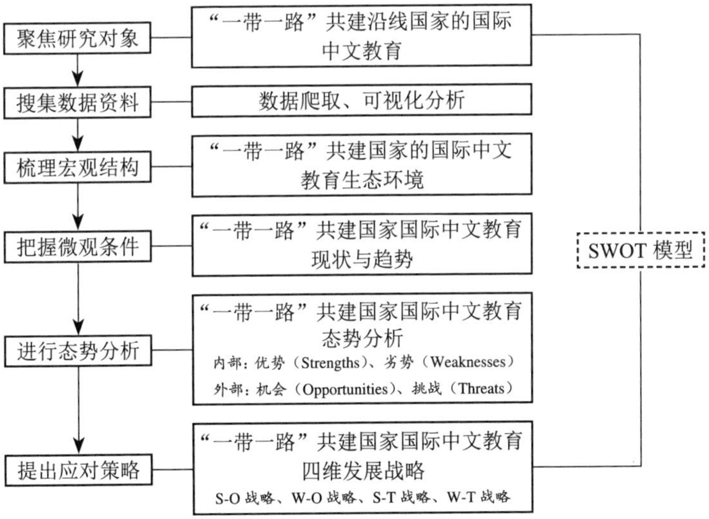

图 1.3 研究思路框架图

如图1.3所示，国际中文教育的成效既受到来自语言教育目的国内部优势和劣势的影响，也面临来自外部国际大环境的机会与挑战。只有充分了解目的国内部的优势与劣势、分析外部国际大环境的机会与挑战，才能制定出符合当前整体态势的语言教育策略。需特别指出的是，根据优势、劣势、机遇和挑战四大要素分析所列出的条件，既可以结合起来形成复合型的战略对策，也可根据实际情况针对某一方面的条件制定对策。因此，在共建“一带一路”的多元环境中，利用“SWOT态势分析”研究国际中文教育，既可兼顾分析的完整性与针对性，又可在考察共性规律和个性特征的基础上，提出切实可行的对策与建议。

第二章　宏观结构："一带一路"共建国家国际中文教育生态环境

亚洲的印度尼西亚、巴基斯坦，欧洲的俄罗斯、意大利，非洲的埃及、肯尼亚六国以其重要的地理位置以及与我国在政治、经济、文化等方面的密切交往，成为"一带一路"共建国家中具有重要代表性的国家。了解这些国家的语言、习俗、艺术等多方面的特点，从而挣脱本土文化的束缚，在一定程度上置身于对方文化，可以助力"一带一路"建设，促进多元文化环境中的文明融通。

基于此，本章将从这六国的语言文化生态、中文传播及中文教学历程等多方面出发，搜集、整理其各具有特色和代表性的语言、文化等要素，勾勒出历史长河中国际中文教育的发展脉络，为后文的态势分析及战略规划奠定基础。

第一节 “一带一路”共建国家语言文化生态

语言通、文化通对于民心相通至关重要。推进“一带一路”共建国家的国际中文教育发展须重视“一带一路”共建国家语言文化多样性问题。因此，本节将厘清“一带一路”共建国家的语言资源现状，考察“一带一路”周边语言生态环境，同时加强相关国家或地区的国别文化研究，为下文的研究提供语言文化方面的参考。

一、语言图景：多元发展与多维平衡

目的国的官方语言、主要民族语言、语言教育政策等会影响语言教学及传播政策的规划和实施。因此，我们需要首要考虑这些语言因素。

（一）民族语言多样性突出

本书研究的六个代表国家皆为多民族国家，受历史或地理环境等的影响，民族间语言差异较为明显。

巴基斯坦境内民族众多，占全国人口绝大多数的四个主要民族分别使用旁遮普语、信德语、普什图语和俾路支语。在巴基斯坦北部喀喇昆仑山脉、喜马拉雅山脉和兴都库什山脉的河谷内，还分布着使用人口占比极少的民族语言，如巴尔蒂语、希纳语、布鲁沙斯基语、科希斯坦语、科瓦尔语、古吉里语、克什米尔语、凯拉希瓦尔语、卡菲尔语等。此外，巴基斯坦东南部信德省还使用着古吉拉特语和拉贾斯坦语等语言。整体来看，巴基斯坦以官方语言乌尔都语和英语为核心，共存着多样的民族语言。

印度尼西亚特殊的地形及早期不便的交通限制了语言间的相互影响。据不完全统计，印度尼西亚有数千种语言和方言。除官方语言印度尼西亚语之外，爪哇语是使用人数最多的语言，其次是巽他语、马都拉语、巴厘语、米南加保语、亚齐语、马来语、布吉斯语等，使用人数均超过了一百万。印度尼西亚各民族语言之间差异显著，不同民族语言甚至无法互通，其语言生态的复杂性尤为突出。

俄罗斯注重保护和发展民族语言，形成了积极的语言政策。俄语是俄联邦法定的国家语言，目前还是四个独联体国家的官方语言。俄罗斯各共和国依法可将主体民族的语言作为官方语言，这些语言共有 30 多种。

（二）官方语言谱系类型丰富

印度尼西亚、巴基斯坦、俄罗斯、意大利、肯尼亚、埃及的官方语言分属于不同语系，其语言亲缘关系不同，语法特点各异。

印度尼西亚的官方语言是印度尼西亚语，属于马来－玻利尼西亚语系（又称南岛语系）。在语言亲属关系中，印尼语同马来西亚、文莱、新加坡的马来语都源自古代马来语，语法基本相同，虽然词汇差异较大，但不同地区的使用者可以互相交流。印尼语在词汇方面表现出比较突出的包容性，不仅吸收了爪哇语、巽他语、巴厘语等民族语言的词汇，还吸收了包括荷兰语、英语、日语、中文等在内的其他国家和地区语言中的大量词汇，使得印尼语词汇日益丰富。

巴基斯坦的官方语言为乌尔都语和英语，其中乌尔都语属印欧语系印度－伊朗语族印度语支，在语种分化中，乌尔都语和印地语被一同视为印度斯坦语的组成部分。乌尔都语受到波斯语和阿拉伯语影响，采用波斯－阿拉伯文字母书写，包含许多源于阿拉伯语和波斯语的外来语。

俄罗斯的官方语言是俄语，属于印欧语系斯拉夫语族东支。在语言谱系中，俄语同乌克兰语、白俄罗斯语属近亲语种。俄语语音的主要特点是：（1）元音少，辅音多；（2）大多数辅音是清浊相对和软硬相对；（3）元音在非重音节中发生明显的弱化，音值有时含混不清；（4）词重音在不同的词中可以落在不同的音节上，没有固定的位置，而当词发生词形变化时，重音可能移动位置。[①] 现代标准俄语的标准音是在莫斯科音的基础上形成的，其发展趋势之一是读音逐渐接近拼写形式所表示的音。

意大利的官方语言是意大利语，属于印欧语系罗曼语族西罗曼语支。意大利语在不同方言中分化明显，标准意大利语是由托斯卡纳语中的佛罗伦萨方言演变而来，发音介于意大利南北部方言之间，后来还融合了少量米兰口音。

肯尼亚的官方语言是英语和斯瓦希里语。英语属于印欧语系日耳曼语族的西日耳曼语支。斯瓦希里语属于非洲尼日尔－刚果语系的班图语支，是目前在非洲东部流传最广、使用最多的语言。它以班图语为基础，逐渐吸收了阿拉伯语和波斯语的词汇形成。最初采用阿拉伯字母书写，直到20世纪初才改用拉丁字母。但其语法结构仍然受到阿拉伯语的影响。在斯瓦希里语中，词类变化复杂。例如，名词本身分为八大类，每类都有性、数、格的变化，

---

① 徐丽娜：《大学二外俄语教学探讨》，《黔西南民族师范高等专科学校学报》2007年第3期。

而代词、数词、动词等的词首、词尾随名词的变化也会出现相应的变化。另外，动词可以通过改变词尾派生出新的动词，这些新动词又可以进一步派生出其他动词。一个原始动词通过不断的派生，能够形成多个衍生词，数量甚至有几个或十几个。

埃及的官方语言是阿拉伯标准语，属于亚非语系的闪语族-中闪语支。阿拉伯语是北非和西亚 22 个国家的官方语言，具有独特的文化、文学和宗教属性。阿拉伯语采用辅音字母和元音符号记音，具有丰富的屈折形态变化，如动词有阴阳性和单双复数之分，由辅音字母组建词根，添加元音符号或非实义的派生字母作为附加词缀。作为诵读和书写《古兰经》的语言，阿拉伯语在传播过程中也有标准语和方言的差异，其中埃及阿拉伯语方言影响最大。埃及宪法体现了标准阿拉伯语在埃及的主体地位和不可替代性，但在实际生活中，尤其是在经济和科技领域，埃及方言和英语的应用非常普遍。

（三）语言政策兼具政治属性与经济属性

语言政策具有历史阶段性，与其政治属性和经济属性密切相关。其中，政治属性主要表现为语言政策随着政治局势的变化而随时发生变化。如印度尼西亚、巴基斯坦、肯尼亚等早期受到殖民政策影响的国家，在殖民时期、独立时期、发展时期等各阶段的语言政策具有相似的政治倾向。

殖民时期的语言政策主要受到殖民国家统治政策的影响。为加强统治、实现“分而治之”的目的，殖民者一方面强势推广殖民国家语言，另一方面大肆构筑殖民地语言交际壁垒。如 1596 年荷兰入侵印度尼西亚后，殖民者在打压限制马来语的同时，刻意营造荷兰语的高贵地位，令荷兰语的运用在统治阶层和少数上层人士之间；此外，殖民者还存心扶持部分民族语言教育，阻碍印度尼西亚人统一交际用语，以期达到怀柔分化的目的。又如，1942年起，日本为巩固殖民统治，在印度尼西亚各个机关学校强制推行日语授课，并针对公职人员和社会成人进行日语考试，严重侵害了印度尼西亚民族语言的生存空间。英国统治肯尼亚时期，英国政府也力推英语，并对非洲本土语言进行一定的压制。

独立时期，国家多采用“一元化”的语言政策，以本国语为官方语言，确立其统治地位。1945 年 8 月，印度尼西亚独立，规定印尼语为民族共同语和官方语言，将印尼语作为教学用语，在不同族群间大力普及印尼语教育；1947 年 8 月，巴基斯坦独立，确立乌尔都语为官方语言，并不断提升其国语地位；1963 年 5 月，肯尼亚独立，斯瓦希里语从民族交际语升格为国家语言，旋即成为全国中小学校的必修语言以及政府部门和机关单位的工作语言。

随着全球化进程的加速以及本土经济和文化发展需求的日益增强，语言政策的经济属性更为凸显。在经济全球化背景下，各国的语言政策不仅需要保持政治稳定，还逐渐转向适应和促进经济发展的需要。如 21 世纪以来，华文教育迎来了新的机遇。印度尼西亚教育部开始和中国合作在印度尼西亚开办华语教师培训班，举办中文水平考试。尤多约诺执政期间，承认印度尼西亚的多元文化，允许华人文化和教育的发展。肯尼亚、巴基斯坦等国家在延续英语教学的基础上，更提升了英语在各阶段教学中的地位。意大利多元化的语言教育贯穿初等教育、中级教育、高等教育等各个阶段。其中初等教育（6—11 岁）以意大利语和英语为主，有条件的学校还开设了西班牙语和法语的初级课程，并且将意大利语、外语纳入中级教育阶段的考试科目。从2001年开始，所有高中教育前两年的学习内容基本一致，包括意大利语和一门外语（通常是英语）。

二、文化生态：异彩纷呈与融合交汇

“一带一路”共建国家受各自社会发展、自然地理等因素影响，形成了独具特色的文化系统，包括种姓传统、信仰文化、节庆民俗和文学艺术等。这些文化特点成为语言传播的先决条件。本节立足生态学的视角，将文化系统看作类似生态系统的存在，解读这些异彩纷呈的文化现象，观察其内部各个具体文化形态如何相互作用、相互影响，以致融合交汇。

（一）宗教信仰多元

六国间宗教信仰差异较大，各个国家内部也存在多元化的宗教信仰（见表2.1）。

表2.1　六国宗教信仰统计表

区域	国家	宗教信仰
亚洲	印度尼西亚	约87%的人口信奉伊斯兰教， 其余信奉基督教新教和天主教
	巴基斯坦	95%以上的居民信奉伊斯兰教， 少数信奉基督教、印度教和锡克教等
欧洲	俄罗斯	主要信奉东正教，其次为伊斯兰教
	意大利	大部分居民信奉天主教
非洲	肯尼亚	全国人口的45%信奉基督教新教，33%信奉天主教， 10%信奉伊斯兰教，其余信奉原始宗教和印度教
	埃及	84%信奉伊斯兰教，科普特基督徒和其他信徒约占16%

资料来源：中华人民共和国外交部网站。

宗教信仰不仅影响了各国的风俗习惯，甚至影响了其知识与文化的发展。如印度尼西亚、肯尼亚的许多禁忌与其信仰伊斯兰教有关。在穆斯林眼中，左手被认为是不洁之手，与人握手、传递物品以及抓取食物时都不可用左手，等等。伊斯兰教鼓励人们关注知识，不断求知。又如在意大利古罗马时期之后，基督教将古希腊文化和古罗马文化相结合以传播其思想，逐渐使教会成了文化传播的中心。基督教教义也成为中世纪哲学思想的基础，赋予了意大利文化和艺术方面的发展灵感。

（二）欧洲文艺灿烂辉煌

六国中欧洲的俄罗斯和意大利文学艺术较为突出，其历史源远流长、丰富多彩。其中，俄罗斯文学不仅是俄罗斯文化和国民精神文化生活的重要组成部分，亦是世界文学不朽的丰碑。

11 世纪初至 17 世纪末是俄罗斯的古代文学时期。这一时期的文学作品偏重纪实，多与国家的命运紧密联系，其代表作之一是俄罗斯第一部编年史《往年纪事》。

18 世纪是俄罗斯古典主义文学产生和发展的重要时期。这一时期的文学作品主要与启蒙运动联系得较为紧密，民主化倾向十分鲜明，重要的代表作家有罗蒙诺索夫、苏马罗科夫、冯维辛和拉吉舍夫等。

19 世纪堪称俄罗斯文学的“黄金时代”。浪漫主义、现实主义、批判现实主义等流派相继成为主流，产生了一系列著名的文学家，如茹科夫斯基、普希金、果戈理、莱蒙托夫、屠格涅夫、托尔斯泰、陀思妥耶夫斯基等。

20 世纪俄罗斯文学出现了三个著名的文学时期——白银时代

文学时期、苏维埃俄罗斯文学时期、俄罗斯文学时期。高尔基的《海燕之歌》和《母亲》、马雅可夫斯基的《革命颂》和《向左进行曲》、奥斯特洛夫斯基的《钢铁是怎样炼成的》、托尔斯泰的“苦难三部曲”等就产自20世纪。

作为文艺复兴发源地的意大利可谓人文之国，在文学、建筑、音乐、绘画等艺术领域都留下了灿烂辉煌的文化。11世纪后随着城市经济的发展和人们生活水平的提高，越来越多的人开始追求现世享乐而反对天主教极端的禁欲主义。但由于缺乏一种系统、成熟的文化来取代已有的天主教文化，新兴资产阶级便举起复兴古希腊罗马文化的旗帜来表达自己的文化主张。因而，发源于意大利的文艺复兴运动其本质是一场打着复兴古希腊罗马文化旗帜的弘扬资产阶级思想文化的运动。这场运动肯定人的价值，重视人性，冲破中世纪对人性的禁锢，并对文学、音乐、绘画和建筑等产生了积极的影响。

（三）传统节日异彩纷呈

传统节日多分为宗教节日和国家节日，其中有相同信仰国家的宗教节日大致相同，国家节日则各具特色。

国家节日主要涉及几个重要的事件：

（1）与国家独立相关的日子。如肯尼亚的自治日、独立日，印度尼西亚的国庆节。1963年6月1日，肯尼亚成立自治政府，12月12日宣告独立。此后，每年的6月1日和12月12日便成为肯尼亚的自治日和独立日。印度尼西亚的国庆节则在每年的8月17日。这一天是印度尼西亚宣布独立的日子。

（2）与重要历史事件相关的日子。如俄罗斯十月革命节，十月革命节在俄历 10 月 25 日（公历 11 月 7 日），是纪念十月革命胜利的日子。

（3）与重要人物相关的日子。如肯尼亚的肯尼亚塔日是为纪念第一任总统乔莫·肯尼亚塔而设，时间在每年的 10 月 20 日（后改为“英雄日”，纪念为肯民族独立和国家发展做出贡献的人）。俄罗斯的诗歌节设在每年的 6 月 6 日。这一天是俄罗斯伟大诗人普希金的诞辰，人们以此缅怀他对俄罗斯文学和文化的深远影响。

第二节　“一带一路”共建国家的中文传播历史脉络

任何一个学科都不可能是无源之水，都是经过长期的积累、发展才建立起来的。本节将基于历时的视角，把握汉唐至今中文传播的历史脉络，剖析中文教学的发展历程，聚焦中文教学不同阶段的发展特征和经验教训，总结中文教学的发展规律，旨在推动中文教学走上更加健全、完善、成熟的发展轨道。

一、中文传播历史脉络：由点及面，以面带全

严格说来，在早期的文化交流过程中，并未有正式的中文传播形式，中文传播多附加于宗教交流、丝绸之路、移民潮等经济文化活动之中；到了 20 世纪，随着政治环境良性发展，中文传播迎来了春天；进入 21 世纪，随着全球化进程加速及中国的全面对外开放，中文传播呈现多渠道、全方位、跨越式发展趋势。

(一)汉—清:间接性中文传播渐成规模

这一时期,在丝绸之路的物质、文化方面的交流,宗教文化的传播,以及早期的移民潮中都可以窥探到中文传播的迹象,随着各种文化交流渠道的发展成熟,中文传播也渐成规模,为后期规范化的中文教学奠定了基础。

1. 丝绸之路间接促进中文传播

丝绸之路不仅促进了物质文化的交流,也是中文传播的重要途径。陆上丝绸之路与海上丝绸之路的打通,为中文的传播开拓了重要渠道。

以埃及为例。唐宋时期,埃及作为阿拉伯帝国的一个行省,主要通过阿拉伯帝国与中国开展交往,以贸易往来为主。随着丝绸之路的开辟,阿拉伯帝国与中国的联系逐渐增多,阿拉伯商人和学者频繁往来于两地,推动了中文的传播和文化的交流。元朝时期,蒙古军队三次西征,导致了历史上规模最大的阿拉伯人来华移民潮,客观上促进了中国与阿拉伯人的交流。

又如印度尼西亚。宋朝时期,中国与印尼群岛各个王国之间的交往进入了新高峰。10 世纪末至 13 世纪末,在唐朝对外贸易政策的基础上,宋朝放宽了民间往来东南亚的限制,两国商人之间的交流逐渐增多。许多印尼商人来到中国后,如果不返回本国,他们甚至可以长期定居。元朝时,忽必烈延续了宋朝的海外贸易政策,并进一步加强了与印尼的交流与往来。明朝时期,郑和七下西洋的航行,更是推动了中文、技术、风俗等在印尼的传播。

2. 宗教文化传播丰富了中文传播模式

宗教文化交流范畴内的中文传播主要涉及僧侣西行求法、宗教典籍的翻译、传教士的汉学研究等方面。

首先，僧人西行求法。东汉末年，佛教由印度传入中国，而后涌现出了大批的僧人。为了学习更精深的佛法，这些僧人便希望去天竺寻求佛法真经。当时，我国著名高僧法显曾在乌苌国（今位于巴基斯坦西北部）、印尼的苏门答腊岛和爪哇岛停留，最终将西行求法的所见所闻写成《佛国记》。唐时的玄奘也曾到塔克西拉（位于巴基斯坦）讲授佛法经论，并翻译讲解《老子》等中国传统典籍。

其次，宗教典籍翻译。历史上，巴基斯坦白沙瓦著名的佛国——犍陀罗国出现了许多对中国的佛教影响深远的高僧。如大乘佛教瑜伽行派的创始人无著和世亲（玄奘西行求法所取的《瑜伽师地论》以及后来翻译的《唯识三十颂》就分别出自无著和世亲之手）；最早将大乘佛教传入中国并将相关佛法翻译成中文的高僧支娄迦谶；第一次将观世音菩萨介绍到中国并翻译了《妙法莲华经》《正法华经》的竺法护；中唐时到中国翻译《华严经》《大乘理趣六波罗蜜多经》《大乘本生心地观经》等佛经的般若三藏；等等。

最后，传教士研究汉学。欧洲的中文传播得益于明清时期到华的传教士。15、16 世纪，欧洲许多传教士远赴中国进行传教活动并向西方世界带去了中文。如利玛窦和罗明坚共同编撰的《葡汉辞典》，意大利学者卫匡国编撰的《中国文法》《中国新图志》《中国上古史》和《鞑靼战纪》等。俄罗斯的汉学研究也得益于本国传教士，汉学家在中国学习的过程中翻译了大量的中国典籍，编辑了词典，促进了俄罗斯汉学的民族化。

3. 移民潮促进中文本土化传播

东南亚地区的中文传播得益于明清时期远赴南洋的华侨。明朝郑和下西洋时，一些中国人便留在印度尼西亚，与当地人来往通婚。清康熙年间，我国政府开放海禁，恢复了中国与印度尼西亚的交往，中国大量移民涌入印度尼西亚，使得当地人口大幅增加。华侨和当地人民在生产技术、日常生活、语言、文学、宗教等方面互通有无。早在 17 世纪末，华侨便开始在印度尼西亚创办书院，旨在为子女提供学习中文和接受当地语言教育的机会。其中，最为著名的当数 1690 年由华侨官员雷珍兰等人联合荷印当局创办的明诚书院。这所书院在当时具有半官方性质，属于一种义塾形式。如今，学者们普遍认为，明诚书院是有文字记载的海外第一间华文学堂。这一时期也被视作中国与印度尼西亚文化交流中的中文传播起始期。之后，义学发展迅猛。据统计，1899 年，仅马都拉和爪哇地区就有义学 217 所，学生共计 4452 人。

（二）20 世纪：政治环境利好迎来中文传播春天

20 世纪，中国与多国建交，政治关系发展良好。两国建交及相关协定的签署从政策层面极大地促进了中文在世界范围的传播，中文发展迎来了春天。

1950 年 6 月，中国和印度尼西亚正式建立了外交关系。特别是 1955 年第一届亚非国家首脑会议之后，中国与亚非各国的友好交往全面展开，与印度尼西亚的关系也日益密切，印尼－中国经济、社会、文化合作协会成立，1997 年中央芭蕾舞团访问印尼等典型事例促进了中文传播。

1963 年，中国与肯尼亚建交。自 1980 年两国签署《文化合作协定》以来，两国在教育、媒体、旅游等方面的合作也不断加强。在教育方面，双方在 1994 年签署了针对高等教育领域合作的协议书。中国还在各个方面给予肯尼亚教育以资源和帮助，如援助科研教学仪器、派遣专职教师、提供肯尼亚来华留学生奖学金等。

“20 世纪上半叶，意大利与中国政府开始互派留学生学习语言。因此，在意大利学习汉语人数开始稳步增加。”①20 世纪中叶，尤其是 70 年代中意建交以来，中文学习在意大利逐渐进入新的阶段。

1954 年，中国向开罗大学派遣了一名中文教师，这是中国在埃及开展中文教学的第一人，拉开了中国在当代非洲国家进行中文教学的序幕。两国自 1955 年起互派留学生，此后留学生人数逐年增加。1956 年，两国建交。同年，开罗高等语言学校开设了中文班，并于 1958 年正式设立中文专业。在当时，中国杂技团、中国电影代表团、中国东方歌舞团、民间歌舞团先后赴埃及演出，使埃及人民对中国语言文化的了解逐步加深。

巴基斯坦的中文教学开始于 20 世纪 60 年代的初组班，专门为政府和中国援巴企业培养翻译人才。到了 20 世纪 70 年代，随着中巴两国合作的逐步深化，巴基斯坦国立现代语言大学设立了中文系，标志着中文教育在该国正式步入正轨。进入 20 世纪 90 年代，中巴两国的合作逐渐从传统的政治和军事领域扩展到经济、文化及教育领域。同时，越来越多的巴基斯坦学生开始赴中国留学，特别是通过中国提供的奖学金项目。中文在巴基斯坦教育中的地位和影响逐步提升，成为更多学生选择的外语，进一步推动了中文教育的发展。

---

① 姚涵：《意大利媒体对孔子学院的报道（2006—2015）——基于新闻网站的调查与分析》，山东大学 2016 年硕士学位论文。

（三）21 世纪至今：形成多渠道多方位传播模式

21 世纪以后，华文学校、孔子学院、互联网等传统媒介与新兴传播手段相结合，初步形成多渠道全方位的传播模式，共同助力中文传播。

首先，华文学校与孔子学院仍然是中文传播的重要品牌。进入 21 世纪以来，中国与印度尼西亚关系进入快速发展时期，文化交流进一步深化，孔子学院成为中国与印度尼西亚友好交流合作的桥梁。印度尼西亚本土的华校也进一步为中文传播做出贡献。在共建"一带一路"倡议深入推进的背景之下，意大利孔子学院和中文课堂的数量不断增加，意大利来华学习中文的人数也在不断增加。尤其是在华留学的意大利学生和在意留学的中国学生，他们归国后对双方语言文化的传播及交流起到了重要的促进作用。

其次，科学技术的发展更新了现代教育技术，也丰富了现代传播媒介，中文传播呈现多模态趋势。在共建"一带一路"倡议的推动下，巴基斯坦加快了中文学习的速度。如今，巴基斯坦学生可通过互联网、广播技术、面对面教室、远程教育系统以及孔子学院、巴中学院等渠道接受中文教学。近几年来，随着中文教学的热度不断上升，埃及政府决定将中文作为第二外语在全国范围内进行教学。埃及的中文教学也开始从传统面授走向了电视教学。肯尼亚是中非媒体文化交流方面的桥头堡。我国三大主流媒体——央视、国际广播电台以及新华社都将驻非总部设在肯尼亚的首都内罗毕。

最后，形式多样的社会文化活动成功助力中文传播。以中国与印尼的文化交流为例。21 世纪初（2000—2005），中国贸易代表团访问印度尼西亚，中印尼首次书展"中国图书展"在印度尼西亚举办，同时签订新的年度合作谅解备忘录和旅游合作谅解备忘录，成立印尼中国友好协会，举办中国电影周，召开一系列博览会和展览会如“2003 年雅加达国际中国博览会”“中国教育博览会”和“中国工程和技术展览会”等。2010 年后，中国与印尼的交流进一步升温，如 2010 年，中国印尼建交 60 周年联欢晚会、墨韵和风——中国国画展、全球百城世博旅游推广活动、中国・印尼 2010 伊斯兰文化展演等一系列文化交流活动的开展；2011 年“感知中国・印尼行”大型文化活动的举办；2013 年纪录片《魅力印度尼西亚》在央视的播放；2014 年印度尼西亚文化风情周在四川的开展；2017 年“印尼文化日”活动在广西师范大学的开展；2018 年四川省侨务办对印尼进行的友好访问以及 2019 年中印尼青年互访交流游学活动的开展和西部博览会的召开等。这些活动形式多样、领域多元、意义深远，推动着中印尼交流向纵深发展。

二、中文教学发展历程：精耕细作，稳步向前

中文是世界上最古老的语言之一，中文作为第二语言教学也有着悠久的历史。中文教学的历史大致可分为萌芽期、发展期和上升期。

（一）萌芽期：明清时期

早期的中文教学多与商贸合作、宗教文化交流等相融合，传教士的翻译学校和华侨所办书院为中文教学的雏形，教学过程中双方语言通常相互影响，这是“一带一路”共建国家中文教学发展的萌芽期。这一时期中文教学的发展主要在俄罗斯、意大利和印度尼西亚三国。

早期俄国派使团到达中国时，由于语言障碍，双方沟通存在困难。雍正六年（1728），清政府在国子监开设了一家俄罗斯学馆，为俄罗斯汉学家讲授满、汉语及文史哲等典籍。[①] 这些汉学家在刻苦学习汉、满、蒙语的同时，翻译了大量中国文化典籍。回到俄国后，这批汉学家被分配到学校进行中文教学工作。"18 世纪初，莫斯科和彼得堡的科学院与外交部先后 4 次设立满、汉语翻译学校，在一定程度上积累了在俄罗斯进行满、蒙、汉语教学的经验，出版了一批教材。"[②]1727 年，俄国设立蒙古语学校，专门开设了蒙语课和中文课，开启了俄罗斯蒙、中文教学的新篇章。

意大利中文教学始于明清时期的传教士。明万历十年（1582），利玛窦来华，开创了中文传教策略。回国后，他积极向西方传播中文。1605 年，他出版了《西字奇迹》，总结了自己学习中文的经验。书中首次使用拉丁字母为四篇宣传天主教义的文章注音，这也是历史上第一个用拉丁字母拼写中文的方案，为欧洲其他中文学习者提供了极大的便利。清康熙四十九年（1710），意大利神父马国贤来华传教，返回意大利后创办了西方第一所研究中文和中国文化的中国学院[③]。至此，意大利中文教学史开篇，之后在意大利开始有专门学习中文的学生。

印度尼西亚的中文传播始于 1690 年创办的明诚书院。这一时期印度尼西亚的中文传播具有三个特点：主要由华人群体发起、半官方的性质、发展迅猛。明诚书院掀起了开办义学之风气，

---

① 雷丽平、李渤：《俄罗斯汉学的发展演变及其现实意义》，《东北亚论坛》2011 年第 4 期。

② 雷丽平、李渤：《俄罗斯汉学的发展演变及其现实意义》，《东北亚论坛》2011 年第 4 期。

③ 现已发展成为拥有 400 多年历史的那不勒斯东方大学，是西方历史最悠久的汉学研究机构。

之后义学发展较为迅猛。这一时期的华文教育多属义学形式，聘请华侨文人担任教师，但教师、学生、教室都不固定，办学时断时续。

（二）发展期：19 世纪至 20 世纪

1950 年 7 月，清华大学成立第一个对外汉语教学机构“东欧交换生中国语文专修班”，标志着我国对外汉语教学真正发展成为一项事业、成为一门学科。1978 年，党的十一届三中全会提出改革开放，为我国经济、政治、文化教育等各项事业的发展掀开了新的一页，也为对外汉语教学事业的蓬勃发展创造了条件，中文教学正式进入发展阶段。

这一时期，中文课堂的开展、中文专业的开设、华文学校的兴办等在多个国家得到了发展，中文教学规模不断扩大。其中，发展较为迅速的是印度尼西亚的华文学校，其次是俄罗斯、意大利两国相继开设中文课堂、中文专业，埃及和巴基斯坦相对来说较为滞后。

19 世纪，中国与俄国、意大利密切的学习交流活动促进了当地的中文教学。1837 年俄罗斯喀山大学中文教研室建立，打破了俄罗斯单一的僧侣汉学的局面，从此高等学校汉学与僧侣汉学并存，为日后中文教学在俄罗斯的发展奠定了坚实的基础。20 世纪 80 年代，中苏关系解冻，俄罗斯汉学出现了新的曙光，中文教学也更为深入。1883 年，意大利学者诺全提尼被派往中国学习中文和中国文化，归国后被罗马大学聘任为首位中文教授，协助该校开设中文专业。随后，威尼斯大学、米兰大学、都灵大学也都先后开设了中文专业，并开展了一些中意文化交流活动。[①]19、20世纪欧洲在全世界急剧扩张，意大利的许多大学开始建立专业的中文学科。

20世纪，印度尼西亚的华文教育正式迈入兴盛时期。1901年3月诞生了印尼的第一所华文学校——巴城中华会馆中华学校（印尼八华学校的前身）。之后的十年间，华校如雨后春笋般出现。到1912年，有关统计数据显示：类似巴城中华会馆中华学校的华文学校已有400余所。20世纪30年代末，印尼的华文教育受到国内和国际局势影响走向衰落。1949年，中华人民共和国成立。随着中国的发展，印尼的华文教育也随之升温。当时影响力较大的九所华文学校分别是：八华学校、雅加达华中、三宝垄中华学校、锡江中华师范学校、邦加华校、日惹华校、万隆华侨中学、万隆清华学校、泗水华侨学校。1990年中国与印度尼西亚复交，许多印尼华侨陆续自费到中国各地学习中文。

埃及与巴基斯坦的中文教学起步较晚。埃及的中文教学最早出现于20世纪50年代。1954年，中国按照签订的文化协定，向埃及的开罗大学派遣了一名中文教师，这是中国在埃及开展中文教学的第一人，拉开了中国在当代非洲国家进行中文教学的序幕。1956年，中国与埃及正式建立外交关系，极大地促进了埃及中文教学的发展。正是在这一年，埃及首都开罗的高等语言学校正式开办中文班，1958年该校正式成立中文专业，专门培养能够熟练应用中文的人才。1973年，开罗高等语言学校并入艾因·夏姆斯

① 姚涵：《意大利媒体对孔子学院的报道（2006—2015）——基于新闻网站的调查与分析》，山东大学2016年硕士学位论文。

大学，中文专业成为该校的本科专业。此后，艾因·夏姆斯大学又设立了中文系，进一步扩展了当地的中文教学规模。1989 年底，中国政府为了进一步掌握埃及当地的中文教学情况，派遣了一个专门的中文教学代表团进行实地考察，并提出了一系列促进当地中文教学的意见。

“自 1956 年巴基斯坦伊斯兰共和国成立后，国际汉语教学也随之开始筹备，并于 60 年代初组班教学，为政府和中国援巴企业培养翻译人才。1970 年巴基斯坦成立了国立伊斯兰堡现代语言学院中文系（2000 年该校升级为现代语言大学），标志着巴基斯坦的汉语教学步入了正轨。”①

（三）上升期：21 世纪初至今

21 世纪初，随着中国涉外事务的扩展，中国与共建国家的经贸合作、文化交流进一步扩大和深化，中文教学呈现多渠道、多元化的高速发展趋势。官方与民间机构共同发力，孔子学院、孔子课堂等品牌项目持续发展，文化中心、民间培训机构等随之产生，“中文热”不仅带动了学习热，更带来了教学热，中文甚至被一些国家（如肯尼亚、埃及、巴基斯坦、印度尼西亚等）纳入国民教育体系，中文国际化已成趋势，中文教学进入快速发展的上升期。

2002 年 10 月，肯尼亚齐贝吉总统上任，中肯友好合作和人文交流持续深化，对中文人才的需求进一步扩大。在此背景下，我国为肯尼亚中文教学发展提供了支持，包括派出中文教师、援建语音室和推动设立中文教学点，肯尼亚顺势成为非洲中文教学发

① 王晓明：《近五十年来巴基斯坦汉语国际教育研究述评》，《大理大学学报》2019 年第 11 期。

展最快的国家。自 2004 年国家汉办（后更名为“中外语言交流合作中心”）开启全球孔子学院建设项目以来，肯尼亚政府和高校积极响应。2005 年 12 月肯尼亚内罗毕大学孔子学院成立，这是非洲首家孔子学院，也成为非洲第一所“全球示范孔子学院”。2009 年 10 月，非洲孔子学院联席会议在肯尼亚首都内罗毕召开。肯尼亚高校在 2008 年 12 月与山东师范大学共建肯雅塔大学孔子学院，2013 年 7 月和南京农业大学共建埃格顿大学孔子学院。其中，以农业为特色的埃格顿大学孔子学院受到两国政府首脑和高层的高度关注和大力支持。到目前为止，开设的中文教学课程从最初的兴趣课程发展到现在的选修课、必修课、学位课程、培训班等多种形式，满足了不同学生的需要，也使中文教学融入了肯尼亚国民教育体系。[①] 随着中文学习热度的持续升温和中文课程体系的不断完善，肯尼亚中文教学步入快速发展阶段。

中国与埃及的经济文化交流在这一时期进一步深入，除了由政府主办的高等学校以外，又增加了民间力量，各种中文培训机构不断涌现。这些机构大都由中国政府机构与当地社会组织合作建立，具体组织包括中国文化中心和孔子学院等，进一步促进埃及当地的中文教学。2007 年和 2008 年，埃及开设了两所孔子学院。孔子学院在当地开办的中文教学点已经基本覆盖埃及大部分城市，在当地营造了良好的中文教学氛围。近年来，中文教学不再局限于高等教育，而是向中等教育和基础教育延伸。2020 年 9 月，中埃签署《关于将汉语纳入埃及中小学作为选修第二外语的谅解备忘录》。这标志着中文正式进入埃及中小学教育体系，成为继法语、

① 郑丹丹、王婷：《学习结果分类理论与对外汉语教学》，《海外华文教育》2015 年第 1 期。

德语、西班牙语和意大利语之后的又一门可供埃及中小学生选修的外语。

2005 年，巴基斯坦现代语言大学与中国北京语言大学合作建立伊斯兰堡孔子学院，该孔子学院作为巴基斯坦第一所孔子学院[①]，积极推进高等院校中文辅修教育的发展，在巴基斯坦中文教学与中国文化交流方面发挥着越来越重要的作用。2010 年前后，巴基斯坦逐步将中文纳入中小学课程，基本形成中文教育分层体系，中文实质进入巴基斯坦国民教育体系。

“如果从国立现代语言大学中文系的成立算起，至今巴基斯坦汉语国际教育已经走过了近 50 年的发展历程。在这半个世纪中，从汉语高等教育到基础教育，从汉语言教育到依托于汉语的职业教育，从北部的伊斯兰堡（及拉瓦尔品第）到南部的卡拉奇，从西北边境省到东部旁遮普省，巴基斯坦的汉语国际教育在层次和类型上、在覆盖群体和地域上都取得了较为可观的成就。”[②]

21 世纪，中国与印度尼西亚关系进入快速发展时期，华文教育逐渐获得了政府的认可和法律地位，也受到了广泛的社会关注。2001 年，印度尼西亚教育部决定将华语纳入国民教育体系，列为中小学的主要选修课程。2003 年，政府还成立了半官方性质的华语教育协调机构。该时期印尼华文教育的发展主要包括两种类型：一是私人补习学校；二是印、中、英“三语学校”。

2005 年，“意大利兴起汉语热，汉语学习人数迅速增加。不仅

---

① 《巴基斯坦伊斯兰堡孔子学院正式开班》，央视网，https://news.cctv.com/world/20070410/103154.shtml，2007 年 4 月 10 日。

② 王晓明：《近五十年来巴基斯坦汉语国际教育研究述评》，《大理大学学报》2019 年第 11 期。

仅是各个大学纷纷开设汉语专业，还有很多语言高中，也将汉语纳为常规课程”①。2006年，意大利第一所孔子学院罗马大学孔子学院正式成立，孔子学院在意大利开始了蓬勃的发展，规模日益扩大。截至2020年7月，意大利共有12所孔子学院和42个孔子课堂②，覆盖了意大利大部分主要城市，其数量和规模在欧洲大陆名列前茅。

2019年，中文教育在俄罗斯已被正式纳入中小学国民教育体系，共有24个地区40余座城市的168所中小学开设了中文课程③，学习中文的中小学生已超过1.7万人。俄罗斯培养中文人才的高等院校共计179所，中文作为必修课已被纳入“国外区域学”“语文学”等专业的人才培养框架，学习中文的大学生人数超过2.2万人。此外，俄罗斯境内的孔子学院以及孔子课堂发展态势良好，目前共设有19所孔子学院、4个孔子课堂，社会培训机构数量也呈现上升趋势。中文已成为俄罗斯境内继英语、法语、德语之外学习人数最多的外语。

---

① 姚涵：《意大利媒体对孔子学院的报道（2006—2015）——基于新闻网站的调查与分析》，山东大学2016年硕士学位论文。

② 龚漫：《意大利本土中文教学资源发展现状、影响因素和未来建设》，《国际中文教育（中英文）》2022年第1期。

③《俄罗斯塔斯社：中国专家指出俄罗斯的中文教育发展迅猛》，温州大学华侨学院，https://www.wzu.edu.cn/info/1321/42846.htm，2022年11月24日。

第三章　微观条件："一带一路"共建国家国际中文教育现状与趋势

受政治、经济、环境及中文教学史的影响，"一带一路"共建国家国际中文教育发展现状各有差异。本章将聚焦"一带一路"共建国家国际中文教育的实施渠道、中文学习者、中文教师、中文教材及中文测试五个方面，厘清"一带一路"共建国家国际中文教育发展现状，并在此基础上归纳总结"一带一路"共建国家国际中文教育发展特点，展望其发展趋势，致力于更为全面地掌握"一带一路"共建国家国际中文教育发展概貌，为后文国际中文教育内外部条件分析奠定基础。

第一节　“一带一路”共建国家国际中文教育发展现状：多元联动与路径深化

随着共建“一带一路”倡议的持续推进，国际中文教育得到了“一带一路”共建国家的广泛认可和大力支持，中文教学甚至已经进入多个“一带一路”共建国家的教育体系。中文教学在“一带一路”共建国家实施渠道丰富、开展形式多样、参与主体多元，成效及影响显著。

一、中文教育实施渠道

“一带一路”共建国家国际中文教育的教学实施渠道主要包括正规学校、非正规学校、孔子学院和孔子课堂。

（一）正规学校

正规学校作为开展国际中文教育的重要实施渠道之一，在中文的国际传播中占据着重要地位，正规学校主要包括高等院校、学前及中小学学校、华文学校三类。

1. 高等院校

高等院校以普通高等学校、职业高等学校为主。近年来，越来越多的高校增设中文系，高等院校开设汉语课程是“一带一路”共建国家国际中文教育的主要形式之一。据统计，“一带一路”共建国家开设中文课程的代表性高校如表 3.1 所示。

表 3.1 共建六国开设中文课程的代表性高校

国家	代表性高校
印度尼西亚	印度尼西亚大学、达尔玛·帕尔沙达大学、丹戎布拉国立大学
巴基斯坦	现代语言大学中文系、奎达大学
俄罗斯	莫斯科大学亚非学院、远东联邦大学（符拉迪沃斯托克）、圣彼得堡国立大学、伊尔库茨克国立语言大学
意大利	那不勒斯东方大学、威尼斯大学、罗马大学
埃及	艾因·夏姆斯大学、开罗大学、艾资哈尔大学、苏伊士运河大学、埃及科技大学、阿斯旺大学
肯尼亚	KCA 大学、美国国际大学

由表 3.1 可见，"一带一路"共建国家已有多所高校设立中文系，中文学历教育发展迅速。越来越多高校增设中文系，截至 2015 年，印度尼西亚共有 26 所高等院校设有中文及相关专业；俄罗斯有 100 多所高校开设了中文课程，汉语学习者人数已累计超过 10000 人次[①]；意大利境内共有 40 所大学提供中文课程，也有相当一部分大学设立了汉语专业[②]。截至 2020 年，埃及开设中文课程的高校已达 16 所，中文系在校学生约 3000 人[③]；巴基斯坦的中文教育起始于巴基斯坦国立语言大学中文系，从 2013 年起，巴基斯坦在信德省所有学校和教育机构六年级以上课程中设立中文必修

① 崔钰：《当代俄罗斯汉语教学现状》，《开封教育学院学报》2015 年第 4 期。

② 李唯实：《意大利米兰国立大学汉语教学现状调查与分析》，辽宁师范大学 2015 年硕士学位论文。

③ 李宝贵、庄瑶瑶：《中文纳入非洲国家国民教育体系的特征、挑战与路径》，《河南大学学报（社会科学版）》2023 年第 1 期。

课[①]。此外，肯尼亚的私立大学也开始引入与中文和中华文化相关的课程。

同时，除传统的高校独立设置中文以外，“一带一路”共建国家高等院校也积极寻求与中国高校联合办学。如 2014 年，南京晓庄学院与印度尼西亚的印多努沙大学在经济与贸易、软件工程两个专业开展“2+2”联合培养本科项目合作。[②]两国高校间联合办学推动高校之间保持密切的交流与合作，借助合作开展互学互鉴，为国际中文教育高质量发展提供有力支持。

2. 学前及中小学

随着中文热在全世界的兴起，越来越多“一带一路”共建国家开始将中文课程列入中小学及学前教育体系，少儿中文教育作为基础工程，其建设对国际中文教育的发展有着深远及现实意义。

（1）学前中文教学

学前中文教学主要指幼儿阶段的中文教学，以往“一带一路”共建国家学前中文教学开展较为有限，然而，随着近些年中文在海外的影响力逐步提升，印度尼西亚的华人家长们纷纷将目光投向中文，低龄化成为印度尼西亚中文教学的一大明显趋势。因此，虽然印度尼西亚国家教育体系并不认可在幼儿阶段开展中文教学，并在 2014 年第 146 号法令中规定不允许在幼儿阶段进行第二语言教学，然而一些私立幼儿园仍在教授中文。

① 刘飙、Misbah Rashid：《全巴基斯坦本土汉语教师的发展历程与展望》，《南亚研究季刊》2016 年第 1 期。

② 《印度尼西亚印多奴沙大学副校长瑞拉 · 甘蒂诺一行访问我校》，南宁晓庄学院，https://www.njxzc.edu.cn/d3/83/c3561a119683/page.htm，2024 年 2 月 28 日。

（2）中小学中文教学

“一带一路”共建国家中，不同国家在中文教学的设置上存在差异。

首先，中文教学开设的教育阶段不同。如在印度尼西亚，国家教育文化部颁布的法令规定高中阶段才可开设外语课程，因此，小学及初中中文教学只在私立或国际学校开设。然而在俄罗斯，中文课程分别可在1—2年级、5年级、7—8年级甚至隔年进行招生。

其次，中文教学的课程设置不同。课程设置主要分为必修课、选修课和特色课。“一带一路”共建国家有的学校将中文课列为必修并列为升级考核内容；但有的学校仅将中文课设为选修课程，学生可以自由选择，并不纳入总成绩。而特色课是每个学生都必须参加的课程，相较于专业课程，特色课课时数量少，要求低，只是作为专业必修科目的兴趣补充。

最后，开展中文教学的学校性质不同。学校性质包括公立学校、私立学校、国际学校等。如印度尼西亚初中及小学中文教学只能在私立或国际学校开设，高一、高二则可以将中文纳入课程设置体系。俄罗斯符拉迪沃斯托克市教育局规定，自2018年9月1日起，中文成为全市中小学生的一门必修课。①

3. 华文学校

华文教育作为海外的“希望工程”“留根工程”和“民心工程”，对促进中外民心相通具有重要意义。“目前全球各类华文学校约2

① Виталий Манн. В школах Владивостока изучение китайского языка сделают обязательным. https://panorama.pub/767-v-shkolah-vladivostoka-izuchenie-kitajskogo-yazyka-sdelayut-obyazatelnym.html.

万所，华文教师 20 多万人，在校学生数百万人。”[①]

印度尼西亚等东南亚国家普遍拥有较为悠久的华文教育历史，即使在殖民时期及建国初期遭受严苛打压，印度尼西亚民间的华文教育仍然从未间断。中文虽已正式纳入印度尼西亚的国民教育体系，但印尼政府对其传播仍有限制，学前、小学及初中阶段不允许教授中文；高中阶段中文常常作为第二语言的选修课程，但并非所有高中都具备开设中文课的条件。因此，新型华校——三语学校在印度尼西亚兴起，学校兼教印尼语、英语以及中文三门语言。该类新型学校成为印度尼西亚国际中文教育的新趋势和中坚力量，目前拥有包括万隆曙光三语学校、泗水新中三语学校、茉莉芬茉华三语国民学校等在内的三语学校 70 多所。

此外，意大利作为欧洲华人华侨移民较多的国家，其华文教育的发展近些年取得了一定的成就。据不完全统计，意大利现有华文学校 200 多所，大部分学校是个人创办，华人华侨在中华文化的海外继承和传播上起着不可替代的作用。[②] 其中，意大利规模最大的华文学校普拉托华侨华人联谊会中文学校就由当地侨团出资。华文学校除了教授中文，还开展针对华人华侨的意大利语培训，这有助于帮助意大利华人华侨进一步融入当地社会。因此，意大利华文学校的不断发展也受到了当地政府的认可，如佛罗伦萨中文学校被意大利教育部门纳入了多元文化教育计划。[③]

① 谭天星：《发展华文教育事业促进中外文明互鉴》，《侨务工作研究》2021 年第 2 期。

② 严晓鹏、郑婷：《中国语言文化在海外华侨华人社会中的传播研究：基于对意大利华侨华人社会的考察》，浙江工商大学出版社 2018 年版，第 41 页。

③ 谢培康：《华文教育备受意政府关注，中文学校成教育样板工程》，《海外华文教育动态》2011 年第 4 期。

（二）孔子学院（课堂）

在"一带一路"人文交流的过程中，孔子学院（课堂）在汉语言文化传播方面发挥的作用不容忽视。截至 2023 年 6 月，6 个"一带一路"共建国家共计孔子学院 51 所，孔子课堂 54 个，其下设的中文教学点几乎覆盖了这些国家的主要学校和社区，基本能满足民众的中文学习需求。

孔子学院充分利用自身优势，开展丰富多彩的语言教学和文化活动，是各国人民学习中文及中华文化的重要窗口。孔子学院品牌现已交由中国国际中文教育基金会运营，该基金会属民间教育公益机构，从社会上募集资金。

从分布城市来看，孔子学院基本上分布在各个国家的首都或主要城市。这些地区经济发展水平较高，城市基础设施较为完善，教育水平较高，对中文学习的需求也明显高于落后的地区。

从合作院校来看，孔子学院（课堂）合作的院校均为知名学府，这些学校在当地的知名度很高、影响力较大，是较为理想的开展中文教学的地方。

从开设课程及活动来看，孔子学院课程体系多样，以肯尼亚内罗毕大学孔子学院为例，该孔子学院设立了独特的中文课程体系，包含本科学位课程、专科学历课程、基础中文课程和特色汉语课程。其特色中文培训课程自开设以来成绩显著。与此同时，该孔子学院也举办和创建了多样的文化课程和丰富多彩的文化活动，包括主题演讲比赛、中国传统节日专题讲座、开放日活动及中国文化体验活动等。如 2023 年，为迎接"国际中文日"，内罗毕大学孔子学院举办了以"中文：增进文明对话"为主题的系列活动，加强肯尼亚民众对中文的了解，扩大中国文化在当地的影响力。

（三）非正规学校

部分国家由于政策限制，正规学校不能开展中文教学，补习学校、家教以及培训学校（机构）等成为学习中文的重要途径之一。

以印度尼西亚为例，由于政策的限制，许多中文教学多在补习学校开展。印度尼西亚补习学校在办学体系、招生规模以及师资结构等方面都形成了自身特色。在办学体系方面，补习学校已经形成包含幼儿班、小学班、初中班、高中班、成人班等的中文教学体系，同时在此基础上按照学生语言水平分班教学。在招生规模方面，部分学校一年能够招收 400—500 名学生。部分补习学校由私人注资，致力于中文教学，一般办学规模小于正规学校。在师资结构方面，补习学校为提高教师的专业素养，不仅组建了自己的师资队伍，还将教师送往中国进行培训。

与补习学校一样独立于正规教育体系之外的还有家教和家庭补习班。这些家庭补习班的教师一般在学校授课之余在家为学生补习中文。相较于补习学校，家庭补习班的规模更小，教学更为零散。印度尼西亚的中文补习学校和家庭补习班实际上已经产业化，侧面反映出中文教学在印度尼西亚的市场价值与社会影响力。

随着互联网教育以及国际中文教育数字化建设的持续发展，作为新型模式的线上课程逐渐成为中文教学的重要手段，有不少中文培训机构为学习者提供实时线上课程。

这些培训学校（机构）虽然一定程度上给社会人士提供了学习中文的途径，增加了中文在当地的流传度，但因其费用较高，一定程度上影响了中文学习人数。同时出于营利目的，这些学校（机构）需要基于实际情况及市场状况调整费用，因此具有极大的不稳定性。

二、中文教师与中文学习者

（一）中文教师

中文教师作为课堂活动的组织者，在国际中文教育中的重要性不容置疑，其教学水平和综合素质直接影响中文教学质量和学生的学习效果。当前，"一带一路"共建国家的中文教师队伍主要有以下几个特点：

1. 师资构成多元化

从师资构成来看，中文教师组成结构多元，主要有输入型中文教师和本土中文教师。输入型中文教师包括侨办外派教师、中外语言交流合作中心外派教师、志愿者教师、校际互派教师以及自行应聘的教师，等等。从师资比重来看，中文教学仍主要依赖输入型中文教师。但随着"一带一路"共建国家政府和教育部门意识到中文教师数量不足、中文教师专业性不高会抑制中文教学发展，逐渐加大了本土中文教师的培养，越来越多的年轻本土中文教师加入中文教学队伍。如意大利孔子学院就采取设立硕士学位以及与当地教育部门联合培养等多种措施来培养本土中文教师。

从师资模式来看，不同国家中文师资模式各有差异。如印度尼西亚各所学校大都是"本土＋外派"的师资模式及"本低＋外高"的教学模式。"本土＋外派"的师资模式指的是，由于印度尼西亚本土中文教师专业素养不强，难以达到教学要求，因此采用本土中文教师和外派中文教师相结合的方式进行教学。"本低＋外高"的教学模式指的是，本土中文教师主要承担初级阶段的语言教学任务，外派中文教师由于具备语言及文化优势，因此主要承担高级阶段的教学工作。意大利中学的中文教学采用合作教学，主要有一主一辅合作教学及平行式合作教学。一主一辅合作教学即中国中文教师主讲、意大利中文教师辅讲，或意大利中文教师主讲、中国中文教师辅讲；平行式合作教学即中意中文教师各自负责擅长的领域，共同完成教学任务，互不干扰，分工明确，只需负责自己的教学板块即可。①

2. 师资年轻化、高学历化

根据调查，“一带一路”共建国家中文教师绝大多数为青年教师，而且有越来越多年轻教师加入中文教学队伍。一方面，中国外派中文教师和中文志愿者教师多由在读硕士研究生或硕士应届毕业生组成，年龄普遍较小；另一方面，近些年“一带一路”共建国家的本土教师数量逐渐上升，许多留学生在中国攻读硕士或博士学位后回国走上了中文教学岗位。

随着社会与经济的发展，“一带一路”共建国家对中文教师提出了更高的学历要求。一方面，中国外派教师至少需要本科毕业才能申请外派，绝大多数志愿者教师为硕士毕业或在读；另一方面，“一带一路”共建国家的本土教师多为来华攻读中文硕士或博士学位的毕业生。

如截至 2019 年，俄罗斯的本土中文教师中，年龄在 20—39 岁的青年教师占绝大多数，高达 66.7%。在学历方面，88.2% 的中文教师拥有硕士及以上学历，52.9% 的中文教师拥有博士及以上学历。②

---

① 张婷：《意大利中学汉语课合作教学现状及建议——以比萨孔子学院为例》，重庆大学 2019 年硕士学位论文。

② 李宝贵、李博文：《俄罗斯高校本土汉语师资现状、问题与对策》，《渤海大学学报（哲学社会科学版）》2019 年第 3 期。

3. 专业师资力量仍较薄弱

近年来，虽然中文教师队伍飞速成长，但仍难以满足中文教学需求。在外派教师方面，外派教师多以本科及硕士应届毕业生为主，普遍年龄较小、教学经验不足。虽然在外派之前经过一定的专业培训，然而实际课堂经验仍然较为欠缺。同时，"一带一路"共建国家的中国籍教师主要由中外语言交流合作中心的外派教师和志愿者教师组成，任期普遍为1—3年，几乎很少会选择留任。中文教师流动性较强导致"一带一路"共建国家教师队伍不稳定，不利于中文教学的持续开展。

在本土教师方面，一方面，一些本土中文教师虽然曾来华留学，然而其学习的可能并非汉语言文学、语言学、汉语国际教育等相关专业，其中文专业素养并不能满足教学需要；另一方面，"一带一路"共建国家中文教学资源有限，本土中文教师技能培训基本依赖于中外语言交流合作中心牵头的培训研讨活动，中文教师职业培训及培养体系有待优化和完善。此外，本土中文教师多缺少工作保障，许多教师为合同制，工作岗位较为不稳定。

外派教师虽然能够在短期内满足教学需求，却不利于国际中文教育的可持续发展；本土教师虽然在语言及文化方面存在显著优势，在教学质量及专业化程度方面却存在潜在风险。如何提升国际中文教师专业能力，完善国际中文教师队伍建设，仍是未来国际中文教育需要持续探究的问题。

（二）中文学习者

随着中国在世界的影响力逐步提升，中文及中华文化也逐渐走向世界，海外的中文学习者逐年递增，"截至2021年年底，全球共有 180 多个国家和地区开展了中文教育，76 个国家将中文纳入国民教育体系，外国正在学习中文的人数超过 2500 万，累计学习和使用中文的人数接近 2 亿”①。目前，“一带一路”共建国家的中文学习者呈现以下特点：

1. 中文学习者低龄化

海外中文学习者以往以华裔子女、商务人士为主。近年，随着中文热的兴起，各国民众对中文的认同逐步提高，中文被纳入了部分“一带一路”共建国家的国民教育体系，甚至进入了基础教育阶段，海外中文学习者呈低龄化趋势。如巴基斯坦参议院 2018 年 2 月 19 日通过议案，鼓励巴基斯坦所有 5 年级到 10 年级的学校开设中文课程。②

2. 高水平学习者较为稀少

虽然学习中文的人数急速上升，然而，高水平的中文学习者仍然占比较少。

表 3.2　巴基斯坦伊斯兰堡孔子学院汉语水平考试报考人数及占比

级别	人数	占比
一级	2306	32.52%
二级	2498	35.23%
三级	1505	21.22%
四级	587	8.28%

① 《海内外共迎“国际中文日”：外国学中文人数超 2500 万》，《中国青年报》，https://baijiahao.baidu.com/s?id=1730621480654705747&wfr=spider&for=pc，2022 年 4 月 20 日。

② 李宇明：《海外汉语学习者低龄化的思考》，《世界汉语教学》2018 年第 3 期。

续表

级别	人数	占比
五级	156	2.20%
六级	39	0.55%
总计	7091	100%

资料来源：张玲艳：《近十年来巴基斯坦汉语水平考试实施情况研究——基于对伊斯兰堡孔子学院的数据调查》，《现代语文》2021 年第 8 期。

由表 3.2 可见，汉语水平考试一级和二级报考人数最多，占比高达 67.75%，三级和四级人数占比 29.5%，报考五级和六级人数较少，占比 2.75%。由此可推出，高级别考试的报名人数占比较少，高水平学习者仍为少数。

3. 学习动机阶段化

在学习动机方面，不同年龄、教育层次的学生表现出的学习动机也有所差异。总的来说，随着年龄的增长，工具型学习动机越来越强。幼儿与小学阶段的中文学习，往往是家长干预与兴趣共同作用的结果；中学阶段工具型学习动机开始显现，有的学生将通过中文水平考试作为学习目标，也有学生出于兴趣学习中文；高等教育阶段，特别是中文系学生的学习动机主要出于未来职业考虑，大多数国外留学生倾向于毕业后回国从事中文相关工作。

虽然中文学习者人数逐年递增，部分国家如肯尼亚及印度尼西亚的中文学习者仍以中文母语者如华人华侨为主。导致这种结果的原因主要是工具性动机的不可持续性、部分国家未将汉语纳入国民教育体系以及本土中文教师和外派中文教师匮乏等。

三、中文教材与语言测试

（一）中文教材

中文教材是连接教师和学生之间教与学的辅助工具，是国际中文教育中的重要教学资源，更是中文及中华文化国际传播的重要载体。目前，海外中文教学使用的纸质教材主要源自四个渠道：一是直接引进中国教材，二是本土编写教材，三是教师自编教材，四是引进其他国家如新加坡或马来西亚出版的教材。目前，市面上中文教材的开发有以下几个特点：

1. 本土中文教材开发力度有限

虽然“一带一路”共建国家已逐步意识到本土中文教材开发的重要性，然而部分国家仍以引入中国出版的中文教材为主，本土教材开发较为有限。就教材品种来说，本土中文教材品种较少。就教材的适用对象来说，缺少针对不同教育阶段的中文教材。如俄罗斯大多数中文教材是专门为高等教育和成人教育设计的，为基础教育、幼儿教育设计的中文教材较少。就教材的编者来说，中国与“一带一路”共建国家合编的教材较少。在教材的内容上，部分国家本土中文教材存在内容千篇一律、语料陈旧、趣味性较低等问题。教材的质量参差不齐，缺乏统一且严格的标准，部分国家编写的中文教材在内容的编排上与真实的中文交际存在一定差距，这不利于中文学习者学习地道的中文。

2. 国别化教材编写逐步推进

由于各“一带一路”共建国家的中文学习者文化背景不同，学习特点及学习需求也呈现多元化的特点，因此积极开发适合不同国家中文学习者使用的中文国别化教材，就显得尤为重要。目前，中外语言交流合作中心海外国别化教材开发已经颇有成效，其中印度尼西亚、俄罗斯、意大利等国的中文国别化教材相当丰富。如针对俄罗斯中文学习者，中国出版了《体验汉语（俄语版）》《汉语教程（俄语版）》《当代中文（俄语版）》等系列优秀中文教材。

3. 海外教材引进与更新滞缓

总体来看，在中外语言交流合作中心以及"一带一路"共建国家的大力支持下，国内开发的针对海外学习者的教材不断涌现，不论在内容还是种类上都尽量满足了海外中文学习者的多元化学习需求。然而，受文化政策的影响，各国并未及时引进这些新开发、新出版的教材，教材更新滞后的现状致使各国出现不同程度的"教材荒"。这导致中外语言交流合作中心积极开发的海外中文教材得不到充分利用。同时，中文教材更新滞后对教材的准确性产生了影响，部分国家使用的教材存在大量已经过时甚至错误的内容，这不利于中文学习者与时俱进地学习准确、实用的中文。

（二）语言测试

语言测试按用途可分为学能测试、成绩测试、水平测试、诊断测试。[①] 由于每个教育机构的考核方式不同，教师的考核要求也有差异，因此成绩测试、诊断测试的调查个体差异较大，调查难度大。学能测试旨在了解受试者学习第二语言的潜在能力和素质，包括语音编码解码能力、语法敏感性等，这类测试重在考查个人天赋差异，不具有代表性，未作为调查重点。因此在调查中，以

① 刘珣：《对外汉语教育学引论》，北京语言大学出版社 2000 年版，第 379 页。

水平能力测试为主，主要分为以下四种：

（1）中文水平考试（HSK）。中文水平考试是一项国际标准化考试，主要分为三等，每一等内部各分为三级，共“三等九级”，重点考察非中文母语者在日常生活和学习中运用汉语进行交际的能力。

（2）中文水平口语考试（HSKK）。中文水平口语考试包含初、中、高三个级别，主要考察中文口头表达能力。

（3）中小学生中文考试（YCT）。中小学生中文考试同样是一项国际中文能力标准化考试，考察非中文母语的中小学生在日常生活和学习中运用中文的能力，包含笔试和口试两部分，笔试分为四个级别，口试分为两个级别。

（4）商务中文考试（BCT）。商务中文考试主要考察非中文母语者在真实商务或一般工作情境中运用中文进行交际的能力，分为笔试和口试两部分，笔试为 A、B 两个级别，口试为基于网络的计算机自适应考试。

（5）医学中文水平考试（MCT）。医学中文水平考试主要评估考生用中文与患者、医务人员和医学领域相关人员沟通的能力，分三个级别。[①]

据调查，六国都有安排中文水平能力测试，以考核学习者语言能力，测试成绩也会作为颁发奖学金和申请留学时的基本参考。中文考试主要有以下三个变化：

（1）国内国外考试双轨运行。以往的中文测试的承办方主要在国内，本土国的中文考试多由孔子学院负责。现在许多本土国的大学中文系和民间机构也开始设立相应的考点，水平考试步入

① 中文考试服务网，https://www.chinesetest.cn。

了国内国外考试双轨运行的阶段。

（2）测试对象多元化，测试方式多样化。根据调研，目前中文学习者的范围已经从单一的高等教育学生扩大到中小学阶段的学生、职业工作者等，测试对象呈多元化发展，其考试的需求也发生了变化，因此测试方式也开始增多。以往的测试以中文水平测试为主，测试中文学习者的综合能力，目前开始有了主要考查中文口头表达能力的中文水平口语考试，考查非汉语母语的中小学生在日常生活和学习中运用中文的能力的中小学生中文考试以及根据职业的实际需求开办的商务中文考试。

（3）中文考试标准化。2021 年 3 月，教育部、国家语言文字工作委员会发布《国际中文教育中文水平等级标准》（GF0025-2021）（以下简称《标准》）。《标准》博采国内外众多语言标准之长，继承中文教学传统和中文国际教育学科发展经验，构建了一套包容性强、混合型、全方位的中文水平等级标准体系，进一步满足了国际中文教育测试评估的新需求。

第二节 "一带一路"共建国家国际中文教育特点：纵深推进与数字转型

近年来，"一带一路"共建国家国际中文教育始终坚持以多元学习需求为支点，积极探究中文教学的本土化、国别化、国际化、数字化发展，打造具有中国特色的国际中文教育品牌。不断优化学科建设的同时，以技术驱动新时代国际中文教育变革，最终实现国际中文教育事业高质量发展。

一、国际中文教育取得新进展

在“一带一路”共建国家政府的大力支持以及相关院校的深化合作下，国际中文教育发展成效较为显著。

（一）多国将中文纳入国民教育体系

目前，已有 70 多个国家和地区将中文纳入国民教育体系，本书研究的六个共建国家均已将中文纳入本国国民教育体系，这标志着“一带一路”共建国家对中文的认可度增加，有助于进一步提升中文的全球影响力。

表 3.3　中文纳入“一带一路”共建国家国民教育体系情况

<table>
<tr><td rowspan="2">纳入范围</td><td>基础教育阶段</td><td colspan="2">印度尼西亚、巴基斯坦、埃及、肯尼亚①</td></tr>
<tr><td>基础教育阶段 +
高等教育阶段</td><td colspan="2">俄罗斯、意大利②</td></tr>
<tr><td rowspan="3">纳入形式</td><td rowspan="2">课程体系</td><td>选修</td><td>印度尼西亚、埃及、肯尼亚</td></tr>
<tr><td>必修</td><td>巴基斯坦、意大利</td></tr>
<tr><td>考试体系</td><td colspan="2">俄罗斯</td></tr>
</table>

资料来源：李宝贵、庄瑶瑶：《中文纳入“一带一路”沿线国家国民教育体系的特征、挑战与对策》，《语言文字应用》2022 年第 2 期。

① 赵晓霞：《肯尼亚：学习中文热度高涨》，《人民日版（海外版）》2024 年 5 月 17 日第 11 版。

② 李宝贵、庄瑶瑶：《汉语纳入海外各国国民教育体系之方略探索》，《现代传播（中国传媒大学学报）》2020 年第 1 期。

但“一带一路”共建国家将中文纳入国民教育体系的形式有差异（见表 3.3）。在纳入范围方面，印度尼西亚、巴基斯坦、埃及、肯尼亚将中文教育纳入基础教育阶段，而俄罗斯和意大利除了基础教育阶段外，还将中文纳入了高等教育阶段。在纳入形式方面，印尼、埃及、肯尼亚将中文纳入选修课程体系，巴基斯坦、意大利将中文纳入必修课程体系。如2020年，中埃签署《关于将汉语纳入埃及中小学作为选修第二外语的谅解备忘录》。而俄罗斯则将其纳入考试体系，2019年，俄罗斯首次将中文科目考试纳入国家统一考试。

（二）教学资源建设阶段性成果显著

教学资源建设作为国际中文教育学科和事业发展的重要内容，对于中文教学及汉语的国际传播有着重要意义。经过近70年的努力，国际中文教材在出版数量、语种数量、分类体系、发行广度、融入深度、编写质量等方面均取得了可喜成绩。① 以对俄中文教材为例，2000年以来，国内已经出版了一批优秀的对俄中文教材，2009年后我国出版的对俄中文教材数量和种类明显增多，除语言教材之外，还涉及专门用途（例如商务）的中文教材，具体如表3.4所示。

表3.4　2000年以来国内出版的对俄中文教材

出版时间	出版社	作者	教材名称
2001	辽宁大学出版社	吴颂兵等	《基础商务汉语口语》
2003	华语教学出版社	郭辉春	《汉语入门》
2004	华语教学出版社	蓝小玲	《汉语对俄教学语法研究》
2004	教育科学出版社	张晓光等	《汉语新目标》系列教材
2006	高等教育出版社	朱晓星、岳建玲、吕宇红、褚佩茹	《体验汉语（俄语版）》

① 马箭飞、梁宇、吴应辉、马佳楠：《国际中文教育教学资源建设70年：成就与展望》，《天津师范大学学报（社会科学版）》2021年第6期。

续表

出版时间	出版社	作者	教材名称
2006	北京语言大学出版社	康玉华、来思平	《汉语会话 301 句（俄语版）》
2009	教育科学出版社	《汉语新起点》编委会	《汉语新起点》
2009	北京语言大学出版社	刘珣	《新实用汉语课本（俄语版）》
2009	北京语言大学出版社	杨寄洲	《汉语教程（俄语版）》
2009	人民教育出版社	陈绂	《跟我学汉语（俄语版）》
2009	人民教育出版社	李晓琪、罗青松、刘晓雨等	《快乐汉语》
2009	华语教学出版社	吴中伟	《当代中文（俄语版）》
2009	华语教学出版社	贾寅淮	《基础汉语》

资料来源：邱晨：《对俄汉语教材研究》，辽宁大学 2012 年硕士学位论文。

此外，随着大数据、人工智能、5G 网络等的飞速发展，国际中文教育数字资源建设同样成效显著。国际中文教育数字资源较为多样，主要包含数字教材、在线课程（慕课、微课等）、教学平台、资源平台及网站、App 等。据统计，海内外数字教材共计 3679 册，国际中文教育在线慕课共 485 门，微课共计近 4700 个，中文网站共 404 个，国际中文教育 App 共 334 款（截至 2021 年 9 月已下架 62 款，剩余 272 款）。[①]“一带一路”共建国家的中文学习者可以通过各种数字资源，满足自己的学习需求。以埃及为例，通过调查可知，埃及中文学习者可选择的中文教育数字资源种类多样，包含教学平台、学习网站以及电子图书平台等，如 ChineseRd（中

① 郭晶、吴应辉等：《国际中文教育数字资源建设现状与展望》，《国际汉语教学研究》2021 年第 4 期。

文路）、Edomodo、智慧宫翻译、智慧宫图书商城、智慧宫文库、Pleco 中文字典、瀚评汉英词典、Line Dictionary、Train Chinese 等，其中，智慧宫翻译、智慧宫文库、that’s books 阿语平台等，由中埃合作开发建设。①

二、国际中文教育迎来数字化转型

信息化、数字化时代，科技赋能国际中文教育，改变了国际中文教育传统教学模式，国际中文教育呈现出不同样态。

（一）线上教学催生中文教学新生态

线上教学的开展在打破时空限制、满足不同地区不同国家多元化汉语学习需求等方面发挥了重要作用，一定程度上有效缓解了地域带来的阻碍与不便，拓宽了“互联网 +”时代背景下国际中文教育在海外的发展路径与空间，线上教学构建了国际中文教育的新生态，促使国际中文教育呈现信息化趋势，焕发出新活力。

以意大利为例，其中文线上教学取得了突出成果。

首先，线上教学成为新型教学模式。如意大利教育部、意大利国家电视台推出了电视网络课程“La Scuola in TV”（电视学校），开设了初级中文教学课程②，保障中文学习者能够顺利开展中文学习。

其次，教师技能培训云端开展，中意两国相关院校组织了多

---

① 陈雯、刘丽莎、雷莉：《新形势下埃及中文教学资源发展研究》，《云南师范大学学报（对外汉语教学与研究版）》2021 年第 4 期。

② 《汉语教学课程登陆意大利银屏》，人民网，https://baijiahao.baidu.com/s?id=1674055927861702918&wfr=spider&for=pc，2020 年 8 月 4 日。

场师资培训会和交流会。如 2021 年教育部中外语言交流合作中心主办、辽宁师范大学和米兰国立大学孔子学院承办的意大利本土中文教师网上研修班，就汉语要素教学、当代中国专题、中华文化与跨文化交际等课程进行专业教授[①]，为教师及院校之间资源共享和经验交流提供了便利。

再次，交流合作项目通过网络设备远程落实。中意两国院校合作项目如海外线上实习实践合作、中意合作办学项目、交换生项目等线上持续推进。如 2022 年 3 月，温州职业技术学院与意大利 ACME 美术学院就中意合作办学的人才培养模式及方法等问题在线上开展了研讨。[②]

最后，文化赛事活动转移线上。如中外语言交流合作中心开展的“汉语桥”中文比赛、意大利米兰国立大学孔子学院设立的“我眼中的中国”摄影比赛、意大利米兰国立大学孔子学院开设的“2021 梦圆金秋线上音乐会”、中国驻罗马旅游办事处举办的“欢乐春节”及北方冰雪旅游海外推广季活动等，均在线上开展。

（二）数字化赋能中文教育新发展

面对百年未有之大变局以及中文国际传播的新形势，国际中文教育面临专业化、标准化和正规化建设的要求。2020 年全国教育工作会议中明确提出要“实施教育数字化战略行动”，这意味着

---

① 《2021 年意大利本土中文教师线上研修班开班仪式成功举行》，米兰国立大学孔子学院，https://mp.weixin.qq.com/s?__biz=MzUyOTE4Mjk0Mg==&mid=2247486456&idx=1&sn=f6a39ab94c649be54f81866ee23e41ad&chksm=fa65b249cd123b5f4ed982d29e3a39f65f5cbeab9d77b923d3484270f32eecc7efb3f0f91bc4&scene=27，2021 年 11 月 6 日。

② 《我校召开 2022 年第一期中意合作办学项目线上教学研讨》，温州职业技术学院，http://www.wzpt.edu.cn/show/17/22032.html，2022 年 3 月 17 日。

需要以数字化推动国际中文教育高质量发展。在这一形势下，"一带一路"共建国家的中文教育呈现出数字化趋势。

其一，数字化资源数量显著提升。数字化资源包括电子汉语书籍、电子教材以及课件资源等，如 2020 年 3 月上线的"中文联盟"云服务教学平台，面向全球免费开放在线中文教学资源。截至 2022 年 6 月，"中文联盟"云服务教育平台累计开设 1.6 万多节网络课程，注册用户 680 万人，访问量高达 1503 万人次，覆盖全球 201 个国家（地区），同时支持和资助中外教育机构开设 3000 多个线上学习项目。[①] 截至 2021 年 9 月 10 日，全球共有电子教材近 3700 册。[②] 然而，目前部分共建国家可使用的数字化教学资源并不充沛，如印度尼西亚现行可使用的数字化教材只有中国与新加坡合作研发的《欢乐伙伴》，本土教材基本未配套数字化教学资源。

其二，国际中文教育在线教学平台蓬勃发展。以互联网为依托的在线中文课程丰富了国际中文教育生态。部分学校依托各线上授课软件如腾讯会议、钉钉、welink 等进行线上中文教学，互联网为国际中文教育的发展提供了更为广阔的空间。

其三，教学资源平台开发成果丰硕。在教学资源平台开发与建设方面，"一带一路"共建国家坚持数字化教育理念。如 2018 年巴基斯坦推出"数字巴基斯坦"政策，秉持"数字化优先"的理念，推动数字化教育的开展及智慧课堂的建立；2019 年俄罗斯

---

① 《线上中文教学的"打开方式"》，中国侨网，https://www.chinaqw.com/hwjy/2022/06-17/332668.shtml，2022 年 6 月 17 日。

② 吴应辉、梁宇、郭晶、马佳楠：《全球中文教学资源现状与展望》，《云南师范大学学报（对外汉语教学与研究版）》2021 年第 5 期。

启动“数字化教育环境”项目，将持续加强计算机设备和软件完善、加强互联网资源建设、推进网络社交工具在教育中的广泛应用[①]。同时，中国华文教育基金会开发了“实景课堂”，使语言及文化的学习不再停留在课本上，提高了教学的真实性与互动性。

此外，国内同样开发建设了大量教学资源平台，包含教师教学资源平台以及教师和学生均可使用的学习资源平台等。不同平台侧重点不同，有针对语言要素如语音、词汇、语法、汉字等方面的资源，也有提升学生语言技能如听说读写能力的相关资源。同时，资源内容及形式呈现为多模态化。如绘本网站“中文故事”（Chinese stories）为学生提供不同级别的简体和繁体中文绘本；Little fox Chinese 网站为学生提供游戏资源，在游戏中充分融合图片、拼音、汉字等，借助多种感官体验为学生带来更多输入路径。

三、“中文 + 职业技能”开创新格局

“中文 + 职业技能”中的“中文”指的是国际中文教育，“+”表示协同融合发展，“职业技能”指职业技能教育。因此，“中文 + 职业技能”教育是国际中文教育和职业教育融合发展的一种教育模式。

国务院时任副总理孙春兰在 2018 年全球孔子学院大会上提出实施“汉语 +”项目，因地制宜开设技能、商务、中医等特色课程。2019 年，国际中文教育大会首设“中文 + 职业技能”论坛，致力于推动国际中文教育转型升级。2020 年，“中文 + 职业技能”被明

① 《俄罗斯推进数字教育环境建设》，上海师范大学国际教师教育中心，https://untec.shnu.edu.cn/19/29/c26039a727337/page.htm，2020 年 10 月 1 日。

确写入《职业教育提质培优行动计划（2020—2023年）》，为"中文＋职业技能"的发展提供了明确的方向指引和政策保障。可见，"中文＋职业技能"教育已成为国际中文教育与职业教育联合"走出去"的重要途径，更是国际中文教育发展的新方向和新路径。

随着共建"一带一路"倡议的持续推动，我国企业加快"走出去"步伐，"一带一路"共建国家对于精通技术和语言的复合型人才需求急剧上升，这为"中文＋职业技能"教育的发展带来了新的发展机遇。有40多个国家和地区开设"中文＋职业教育"特色项目，涉及高铁、经贸、旅游、航空等各个领域，为各国学员提供了职业教育培训和就业发展机会。"目前，共有400余所高职院校与国外办学机构开展合作办学，全日制来华留学生规模达1.7万人。"[①]"中文＋职业技能"教育实施途径多样，主要有以下几种形式：

其一，共建"中文＋职业技能"教育特色孔子学院。该类孔子学院主要以服务当地社会经济发展为导向，结合当地学习者多元化学习需求，打造"中文＋"项目，培养兼备语言及职业技能的专业人才。如新疆农业大学与巴基斯坦费萨拉巴德农业大学合作共建了费萨拉巴德农业大学孔子学院，联合开展"中文＋焊接技术"教学培训。

其二，共建鲁班工坊。鲁班工坊是天津市创立并率先推动及实施的职业教育国际合作品牌。鲁班工坊采用多元化和针对性的人才培养方式，包括学历教育、职业培训和技术服务，利用工程

---

① 《我国四百余所高职与国外合作办学，全日制来华留学生1.7万》，中华人民共和国教育部，http://www.moe.gov.cn/fbh/live/2022/54487/mtbd/202205/t20220524_630024.html，2022年5月24日。

实践创新项目（EPIP）的专业教学模式，注重国际化技能竞赛文化与标准赛场建设。截至 2023 年，“一带一路”共建国家主要的鲁班工坊及其运营院校具体见表 3.5。

表 3.5　“一带一路”共建国家鲁班工坊及其运营院校

国家	名称	运营院校
印度尼西亚	印度尼西亚鲁班工坊（波诺罗戈第二职业技术学院）	天津市东丽区职业教育中心学校
印度尼西亚	印度尼西亚鲁班工坊（邦普循环印度尼西亚雅加达总部和纬达贝基地）	佛山职业技术学院
肯尼亚	肯尼亚鲁班工坊（马查科斯大学）	天津城市职业学院
肯尼亚	肯尼亚鲁班工坊（肯尼亚铁路培训学院）	陕西铁路工程职业技术学院
肯尼亚	肯尼亚鲁班工坊（泰塔塔维塔大学）	东营职业学院
巴基斯坦	巴基斯坦鲁班工坊（木尔坦 MNS 农业大学）	天津现代职业技术学院
埃及	埃及鲁班工坊（艾因・夏姆斯大学）	天津职业技术学院、天津交通职业学院
埃及	埃及鲁班工坊（开罗高级维修学校）	天津轻工职业技术学院、天津交通职业学院
俄罗斯	俄罗斯鲁班工坊（莫斯科国立通讯与信息技术大学）	天津电子信息职业技术学院

其三，共建“中文＋职业技能”国际推广基地。2020 年，中外语言交流合作中心与南京工业职业技术大学签订共建“中文＋职业技能”国际推广基地协议，正式启动“中文＋职业教育”的国际推广项目。作为全国首家“中文＋职业技能”国际推广基地，基地将探索推进专业标准、教学资源、国际化师资人才、职业汉

语水平考试、国际化"1+X"证书等方面创新发展；统筹推进"中文＋职业技能"数字资源体系建设，实现海外本土化人才培养和企业需求的精准对接，打造成全国职业教育国际化师资培训基地、国际化教育教学资源开发基地、"1+X"证书国际化培育与推广基地、产教融合"携手出海"基地、职业教育理论研究和政策咨询基地、人文与技术技能交流基地。[①]

其四，共建职业教育联盟。如2016年中蒙俄区域职业教育联盟在兴安职业技术学院成立，致力于推动兴安盟职业教育体制改革。2022年金砖五国职业教育联盟正式成立，由各国行业组织、职业院校、研究机构和企业等组成，五国发起成员单位共68家。[②]"一带一路"共建国家多方主体参与推动"中文＋职业技能"发展，有助于更好地整合国际中文教育和职业教育相关资源，实现资源共享和优势互补，从而推动国际中文教育与职业教育协同发展，提高专业人才的培养质量。

其五，国际合作办学。如2019年，埃及苏伊士运河大学、北京信息职业技术学院和埃及MEK基金会三方联合创办了国际合作教育机构——埃中应用技术学院，是中埃双方首次以国际合作办学的形式来开展职业教育。[③]该学院共开设机电一体化、电子技术、通信技术三个专业，致力于为埃及培养高层次技术人才。

---

① 《全国首家"中文＋职业技能"国际推广基地正式启动》，南京工业职业技术大学，https://www.niit.edu.cn/85/5b/c4062a34139/page.htm，2020年11月9日。

② 《金砖国家职业教育联盟正式成立》，中华人民共和国教育部，http://www.moe.gov.cn/jyb_zzjg/huodong/202204/t20220427_622649.html，2022年4月27日。

③ 《我在埃及首个国际合作办学项目 埃中应用技术学院设备项目签署立项换文》，中华人民共和国商务部，http://eg.mofcom.gov.cn/tpjj/art/2019/art_86e611c73c5544beb4073cf5d246278b.html，2019年7月22日。

“中文＋职业技能”教育相关项目及合作的开展能够为“一带一路”共建国家运输既掌握中国语言及文化，又具备职业技能的复合型人才，能够满足“一带一路”共建国家多元化人才需求。职业教育作为国际中文教育的重要组成部分，是中文及中华文化走向世界的重要路径和渠道。“中文＋职业技能”的不断进步与持续发展，能够积极推动语言教育与职业教育的融合发展，提高中文及中国职业教育的全球适应性，推动国际中文教育与职业教育协同“走出去”，推动中外教学资源及标准衔接，进一步增强中国教育品牌国际影响力和竞争力，提高中国的全球影响力和国际话语权。

第三节　“一带一路”共建国家国际中文教育发展趋势：个性发展与智能升级

在信息技术飞速发展及广泛应用的背景下，“一带一路”共建国家国际中文教育呈现出一些新的发展趋势，更加注重中文学习者多元文化的认知培养、个性化学习路径开展、语言智能技术驱动等方面，朝着多元化、国际化、个性化、智能化的方向持续深入发展。

一、多元文化融合的新视野

国际中文教育致力于打破文化壁垒，消弭偏见及误解，从而增进中文学习者对于中国语言与文化的理解与认同。因此，国际中文教育需要引导学生尊重以及理解多元文化，帮助学生树立良好的跨文化交际意识。建设多元文化课程、拓展多元文化活动、优化多元文化考核等措施是培养具备国际视野的语言人才的重要渠道，有助于进一步提升中文学习者的多元文化素养。

第一，建设多元的文化课程。在课程设置上，部分“一带一路”共建国家的中文教学不囿于语言文字的教学，也注重文化课程的比重。比如意大利有5所孔子学院设置了文化课程，对中华文化进行更为专业、系统的讲授。在课程形式上，“走进校园”与“走出课堂”相结合，以拓宽中文学习者对中国文化的接触范围，如意大利那不勒斯东方大学孔子学院举办的“中国传统文化进校园”系列体验活动。在课程内容上，文化课程与时俱进，设置了如“当代中国社会”“当代中国经济”等课程，不仅打破以往文化课程只注重中华优秀传统文化的局限，还有利于多维度、多视角了解当代中国。

第二，优化多元文化考核。部分“一带一路”共建国家已经将中文水平考试纳入中文教学体系，中文水平考试中含有大量与中华传统文化相关的风俗习惯、名胜古迹、传统节日等内容，有助于提升中文学习者对中华文化的深入了解。

第三，拓展多元文化活动。“一带一路”共建国家的文化活动类型多样，包含文旅活动、文艺表演、汉语比赛、文化讲座等。各类文化活动中当代中国元素凸显，包含科技、绘画、电影、文学、建筑、瓷器等多维领域，有利于构建更为丰富多元的中国形象。如埃及开罗中国文化中心举办的“埃及人眼中的中国：‘一带一路’中埃陶瓷文化交融”活动，为中埃深化陶瓷文化交融发展提供了机会。再如肯尼亚内罗毕大学孔子学院举办的“中文：增进文明对话”主题活动，开展了书法、剪纸、唱中文歌活动等。该类活动不仅趣味性较强，实践性也较强，激发了中文学习者的参与热情。

二、构建个性化、碎片化学习新机制

个性化学习是指以学生的个性化学习需求为导向，为其提供差异化的学习资源，以实现其最大发展。“一带一路”共建国家利用大数据、人工智能、互联网平台等，为学生提供个性化的学习服务、个性化的学习资源以及个性化的学习路径，构建了新的个性化教育机制，具体表现为：

第一，教师教学方式与教材编写的个性化。目前，中文教材种类众多，然而如何根据学习者的中文水平及需求筛选教材，如何最大化地使用教材、充分挖掘教材的潜力等问题是“一带一路”共建国家中文教师需要重点考虑的。一般而言，中文教师会根据教学内容以及学生的个性化学习需求对教学方式以及教材等进行优化和调整，依据实际情况安排教学活动以及对教材进行二次开发。

第二，教学机构以及在线教学平台服务的个性化。“一带一路”共建国家的中文教育机构会根据学习者的个性化需求，为他们制定个性化的学习计划。在线教学平台可以依据学习者的目标和水平，形成个性化的学习方案；可以通过收集、分析学习者的相关学习信息和学习需求，推送个性化、精准的学习资源；同时，依据学习者的动态学习情况，生成个性化学习数据，教师及学生可以据此调整学习内容和计划；此外，还可以对学习者的学习时间、学习测验等进行个性化监督和干预；等等。

新媒体技术的发展为中文学习者提供了新的学习渠道，“一带一路”共建国家的学习者可以通过短视频等新型媒体形态接触、了解、学习中文。如抖音海外版上有众多关于中文学习的话题，在短视频上学习中文已成为海外中文学习者学习中文的重要方式之一。同时，短视频为观众提供了实时互动机会，增强了信息的体验感和交互性，也符合信息化时代人们的碎片化学习需求。除此之外，一些能够创建词卡、提供离线模式的线上中文学习平台和软件也为学生碎片化学习提供了便利。

三、语言智能技术搭建新平台

近些年，人工智能技术的飞速发展对语言教学生态产生了重要影响，人工智能技术因其强大的语言识别和处理能力、充足丰富的数据储备，为“一带一路”共建国家的中文教育带来了新的发展方向，具体体现为：

第一，提升文化沟通便捷性。“一带一路”共建国家注重对多种语言智能产品的开发与应用，包含机器翻译、语音识别、智能问答、智能写作、语言测评等。如在意大利佛罗伦萨举行的第二届“繁花中国电影节”就充分应用人工智能对多部影片进行翻译[①]，人工智能翻译为海外公众接触中国文化提供了便利，也推动中国文化进一步走向世界。

第二，实现语言及文化推送精准性。人工智能在在线学习平台能够根据用户的搜索构建个性化的用户画像，准确捕捉中文学习者的多元需求，推送符合学习者语言水平、兴趣偏好的内容，更好地服务于中华文化国际传播。

第三，服务中文教学事业。相较于传统的媒体形式，人工智能能够较为高效地完成语言教学。教师可充分借助人工智能完成

① 《“松江翻译”惊艳亮相意大利，人工智能推动中国电影走向世界！》，澎湃新闻，https://www.thepaper.cn/newsDetail_forward_20613274，2022 年 11 月 5 日。

教学服务，如通过人工智能批改作业等。如俄罗斯开发了一个基于人工智能的免费中文在线辅导老师“AI Laoshi”，不仅能够分析和纠正学生的语法和词汇错误，还能解释语法规则。[①] 与此同时，人工智能可以为中文学习者提供多种工具，帮助提升中文能力，如语音测评能够有效提升学习者的口语能力。另外，人工智能还是中文学习者挖掘大量学习资源的重要渠道，通过人工智能技术，学习者能够快速获取需要的学习资料，极大地提高了学习效率。人工智能技术还能够实现语音合成，为学生提供更具趣味性和多样性的中文学习体验。

---

① 《俄罗斯出现 AI 中文在线辅导教师》，俄罗斯卫星通讯社，https://sputniknews.cn/amp/20240123/1056571373.html，2024 年 1 月 23 日。

第四章　向内求索："一带一路"共建国家国际中文教育内部条件分析

影响"一带一路"共建国家国际中文教育发展的内部条件，包括以字母S代表的内部优势（Strength）和以字母W代表的内部劣势（Weakness）。本章一方面基于中文及中华文化的相融性机理，聚焦悠久的中外交流与中文教学历史、利好的教育政策、多元的教育渠道等内部优势；另一方面立足共时特性分析教学资源建设困境、语言文化差异导致的习得阻碍等内部劣势，深度求索，实现对"一带一路"六个代表性共建国家国际中文教育的全景式观察。

第一节　持续发力：稳定发展的中外双边交流

基于历时发展的视阈，中国与世界各国的交流合作具有广泛而悠久的历史积淀，为中文的传播发展奠定了扎实根基，共建"一带一路"倡议更为世界经济互通开辟了全新空间，为世界文明互鉴提供了重要推力。

一、历史交好的亚洲友邻

亚洲国家多与中国毗邻，与中国的友好往来历史悠久，具有良好的历史基础。这些亚洲国家在共建“一带一路”中发挥文化相近、地缘相近的优势，稳步推进中外双边交流，推动亚洲各国人民交往，亚洲文明交流互鉴焕发新的活力与生机。

巴基斯坦是最早承认我国的国家之一。1951 年 5 月 21 日，中巴两国正式建立外交关系。共建“一带一路”倡议提出后，巴基斯坦积极响应，双方合作建设中巴经济走廊，双方合作关系向全面纵深发展。2015 年，中巴两国明确提出了以走廊建设为中心，以瓜达尔港、能源、基础设施建设、产业合作为重点的“1+4”合作布局，致力于将中巴经济走廊建成共建“一带一路”倡议的旗舰项目，推动双方在教育、文化、医疗、智库、就业、扶贫等各个领域展开广泛而深入的合作，引领中巴关系进入全方位合作新时代。中巴经济走廊为巴基斯坦经济社会发展奠定了扎实基础，成为中巴全天候友谊的生动诠释。随着中巴双方人文交流日益频繁，两国人民相互了解的欲望进一步增强，巴基斯坦不仅兴起了“中文热”，留学中国也成了新热潮。2021 年是中巴建交 70 周年，多年来虽然国际局势动荡不安，但两国人文交流从未中断，双方精诚合作，共同构建新时代更加紧密的中巴命运共同体。这些都在不同程度上为中文和中华文化在巴基斯坦的传播发展提供了动力支撑和坚强保障。

中国和印度尼西亚的语言文化交流与印度尼西亚华人的活动轨迹息息相关，印尼华人华侨在双方的合作交流中发挥着重要推动作用。17世纪末，中国与印尼语言文化交流进入起始期，已有华侨在印度尼西亚开办中文书院。如创设了有文字记载的第一所海外华侨学校巴达维亚（今雅加达）明诚书院。辛亥革命后，双方的文化交流进入繁荣时期。受战乱等因素的影响，20世纪后半叶，中印尼之间的文化交流受限，进入停滞衰落期。21世纪，中印尼的合作关系重新进入了快速发展阶段。在此期间，孔子学院和印度尼西亚本土华校成为印度尼西亚中文传播的重要纽带，为双方文化交流做出了突出贡献。

二、稳定合作的欧洲远交

受地理、历史及社会制度等因素影响，中国和欧洲国家在思维方式、价值观念、行为准则和生活方式等方面存在较大的文化差异，但共建“一带一路”倡议为中欧关系稳步发展保驾护航，为欧洲中文教育事业提供了发展动力。

俄罗斯作为中国的邻国，与我国有着悠久的合作交流历史。早在公元10世纪，尽管当时双方没有正式的贸易条约或通行许可，但中国的丝绸、锦缎等商品已经传入基辅罗斯（现俄罗斯境内）。在19世纪，中俄双方就已经在文学领域展开交流。百年的文学交流史让中俄双方在文学心理上产生了共鸣。随着共建“一带一路”倡议的提出，中俄经贸合作进入了新阶段，两国人文交流蓬勃发展，两国人民之间的了解与友谊不断加深，世代友好理念深入人心。

意大利凭借其得天独厚的区位优势成为中华文明向西方传播的枢纽，在中西文明交往中发挥着举足轻重的作用。自古以来，意大利人就十分重视与东方的交往，不管是商人、官员，还是传教士、汉学家，都积极地学习中国的科技、历史、地理、文化和语言，推动了中文和中华文化在意大利乃至西方的发展与传播。

基于以往的良好交往基础，意大利于 2019 年 3 月签署了合作备忘录，加入共建“一带一路”倡议，成为七国集团（G7）中唯一加入中国共建“一带一路”倡议的国家。双方的合作关系经历了起步、共进、繁荣的发展阶段，取得了较为丰硕的合作成果。如政府层面的高层互访、发展战略对接等；经济领域的港口建设、交通运输通道建设、经贸合作等；文旅领域的影视、教育、艺术、旅游合作等。中国和意大利之间形成了全方位、多领域交流合作的发展格局。

三、携手共进的非洲同伴

“共同的历史遭遇、共同的发展任务、共同的战略利益把中非紧紧联系在一起，由此，中非从来都是命运共同体。”① 非洲作为中国重要的战略伙伴，中非友谊源远流长。共建“一带一路”倡议为非洲国家提供了新的国际交流平台，助力非洲国家开发其巨大的经济潜力，改善国内社会经济环境，非洲国家对中国发展模式的认同和非洲人民对中文经济价值的认同则转化为非洲中文传播的强大内生动力。

埃及是第一个与中国建交的阿拉伯国家和非洲国家，于 1956 年 5 月 30 日与中国建交。建交后，中埃两国友好合作关系不断发展。中埃两国于 1956 年签署文化合作协定，此后双方共签署 10 个文化合作执行计划。1999 年 4 月，两国建立战略合作关系。

① 王辉、郑崧：《人类命运共同体视域下非洲中文传播的实践进路》，《西亚非洲》2022 年第 5 期。

2002 年我国在开罗设立中国文化中心，这是中国在阿拉伯地区首个也是唯一一个文化中心。随着中埃双方不断在文学译介、陶器、建筑、书法等艺术领域积极开展对话，中埃文明不断碰撞交流，为双方语言文化的交流提供内生动力。

肯尼亚于 1963 年 12 月 14 日与中国建交。近年来，两国关系发展迅速，中国和肯尼亚的经贸关系已经达到深度融合的程度，具体体现在中国是肯尼亚的第一大经济贸易伙伴、第一大工程承包商来源国、第一大投资来源国以及增长最快数量最多的海外游客来源国。在共建"一带一路"倡议和"中非十大合作计划"的合作背景下，两国迎来了全面合作的黄金机遇期。

在文化交往方面，中肯于 1980 年 9 月签署文化合作协定。两国于 1994 年签订高等教育合作议定书，中方向肯尼亚埃格顿大学提供教学科研仪器，并派遣 2 名教师。2005 年，中方在内罗毕大学建成非洲第一所孔子学院。2008 年，中肯建立肯雅塔大学孔子学院。2012 年中肯建立埃格顿大学孔子学院和内罗毕广播孔子课堂。2015 年 3 月，中肯建立莫伊大学孔子学院。

第二节　时代馈赠：利好的社会发展环境

在共建"一带一路"倡议中，中国与共建国家通过在教育领域平等合作、取长补短，形成了平等、包容、互惠、活跃的教育合作态势。根据库柏（Cooper）的定义，语言教育政策是语言政策的分属单位，是指官方教育组织规定下各级教育机构采取的语言教学与学习的措施，它折射出时代的需求、国家的开放程度和社会经济的发展水平。本部分将重点关注"一带一路"共建国家的语言教育政策，分析其如何发挥基础性建设与引领性发展的关键作用，为推动国际中文教育提供利好的社会发展环境。

一、自上而下：良好的政策支持

随着共建“一带一路”倡议的深入落地实施，基于政治、经济、文化等多方面因素的考虑，共建国家对中文及中华文化持正面积极态度，中文学习需求不断增加，其制定和颁布的语言教育政策也在不同程度上倾向中文人才的培养，为中文教育发展提供了良好的政策环境。

（一）共建国家：灵活调整外语教育政策，提供发展契机

对于“一带一路”共建国家而言，针对中文教育的发展规划属于外语教育政策范围，涉及如经费投入、语言地位、语种选择、课程比例等诸多方面。随着国际往来的日趋频繁，各国都比较重视外语教育，将外语教育视为促进国民素质提升和社会经济发展的重要举措。总体而言，共建国家的外语教育政策在考虑历史和地理因素的基础上，紧跟国际局势发展不断修改和完善，呈现出灵活多变的特点，这也为中文进入当地国家的国民教育体系创造了契机。

1. 战略定位：发展规划凸显区域特色

一个国家的语言政策和语言教育政策离不开特定的历史背景，需基于当前需要和长远发展规划来制定。

巴基斯坦作为一个多民族、多语言国家，在推广国语、官方语言的过程中坚持多语主义政策，培养公民的多语言能力，从早年乌尔都语和英语的竞争，到如今乌尔都语、英语、民族语言、

外语多元发展，这些变化在某程度上体现了巴基斯坦社会的发展趋势。再如印度尼西亚，作为一个多民族、多宗教、多语言的国家，其官方语言为印尼语，通用语为英语。从历史发展来看，印度尼西亚的语言政策发展大致分为三个阶段：第一，殖民统治时期，荷兰语和马来语并重，由于前期的荷兰殖民者采用任其发展的语言策略，因此这一时期语言的发展呈现出多元化特点；第二，印尼独立后，印尼语成为官方语言，由于历史原因，印尼也支持英语的使用，但同时打压华语的发展[①]；第三，中印尼复交后，进一步提高英语的地位，确定英语为"第一外语"，逐渐放宽对中文的限制。

语言政策也会因社会发展环境产生变化。例如俄语作为俄罗斯的国家语言，是基本交际语，有着举足轻重的作用。因此，加强俄语的地位是俄罗斯语言政策的首要目标；同时，俄罗斯也是一个多民族的国家，支持语言多样性的发展不仅有助于加强不同民族之间的文化认同，也有利于国家的持续发展。因而俄罗斯采用了"俄语＋民族语言"的双语教学制度，既推行俄语教学，也支持和鼓励其他语言的发展。

在埃及，语言政策体现伊斯兰教的发展意志。埃及的语言教育政策以将埃及打造成为一个单一语言国家为目标，旨在扩大阿拉伯语的影响范围，确立其强势地位，同时增强埃及人民的团结和凝聚力。阿拉伯语因此成为埃及政府和机关单位的通用语言。埃及单一的语言政策维护了阿拉伯语在埃及的主体地位，但在实际生活中，埃及方言和英语被普遍应用，尤以经济和科技领域为甚。

肯尼亚也是一个多民族、多宗教、多语言的国家，根据分级

① 李怀：《印度尼西亚语言教育政策探析》，《世界教育信息》2016年第21期。

参数不同其拥有语言数量在 42—70 种。作为一个多语国家，肯尼亚积极制定语言政策，以高效利用这些语言资源。1964 年，肯尼亚首届教育委员会基本沿用了殖民时期的语言教育政策，但也采取了行动，在学校教育中采用了三种语言。由于斯瓦希里语能够代表肯尼亚民族发声，为了地区和国家统一，遂将斯瓦希里语纳入课程表。1981 年，麦凯委员会将斯瓦希里语定为中小学必修课程，英语依然是主要的学习科目和教学用语。它还建议在较低年级使用母语。直到 2010 年宪法变更之前，肯尼亚唯一的官方语言是英语，国家通用语言是斯瓦希里语。新宪法颁布后，肯尼亚保留斯瓦希里语国家通用语的地位，而且把它上升为和英语并列的官方语言。

不同国家的语言教育政策与其社会历史发展、经济政治特点、民族构成以及文化信仰等多方面因素有关，体现出国别地域特色。同一个国家不同历史时期的语言政策也各有差异，这与当局执政理念、利益权衡、语言规划等密切联系。总体而言，梳理、分析共建国家的语言状况和语言政策，一方面有利于我们深入了解这些国家的国情和文化，减少合作中的误解摩擦，为共建共商创造和谐的大环境；另一方面能为及时调整中文教育政策提供指导，推动中文教育本土化发展，助力中国语言和文化的传播。

2. 顺势而为：灵活调整外语教育政策

外语教育政策深受政治、经济和外交政策的影响。共建“一带一路”倡议的深入推进为共建国家发展带来多重机遇，中文愈来愈受到共建国家及其人民的重视。

巴基斯坦政府出于服务国家经济繁荣的战略目的，尤其重视中文人才的培养。2013 年 1 月，巴基斯坦国家教育部的会议决定，将中文作为一门必修课，正式纳入巴基斯坦的六年级至初中的教学课程，并率先在信德省六年级开展教学试点。2014 年，巴基斯坦将中文纳入教育体系的战略逐渐得到了实现和实施，政府设置了各类奖学金支持当地中文教学的发展。如巴基斯坦高等教育委员会受政府委托设立的“瓜达尔—中国奖学金”、旁遮普省设立的“首席部长汉语奖学金”等。2017 年，巴基斯坦国家课程委员会颁布的《巴基斯坦国家课程框架》提出巴基斯坦初高中可开设中文课程，这为巴基斯坦的中文教学提供了国家层面的文件依据。2020 年巴基斯坦信德省的课程、评估与研究理事会更新了《九、十年级教学计划（2020）》，明确将中文列入人文学科选修的语言课语种之一，充分体现出对中文课程的重视。

印度尼西亚的中文教育经历了一个曲折的发展过程。20 世纪 90 年代，随着中国改革开放和经济建设的成功，印尼中文教育的经济价值随之提升。中国与印尼在加强经济和贸易往来的基础上，恢复外交关系，并将合作关系扩展到文化、教育等领域，促使印尼政府改变了对华文教育的封锁政策。1994 年以来，印尼政府为适应新形势下对中文人才的需求，将中文纳入国民教育体系，并做了以下几项工作：指定国立印度尼西亚大学和达尔玛・帕尔沙达大学的中文系开设中文必修课程培养高级中文人才，在雅加达的特立刹迪大学、泗水的彼得拉基督教大学等多所高等院校开设中文系和中文专业，批准部分旅游院校开设中文选修课程，鼓励华人开办各级各类华文补习班以及华文培训班。随着中印尼发展战略的对接，在中印尼两国政府和华人社会的积极推动下，印尼迅速掀起了中文学习热潮。除华人外，印尼其他族群也开始重视学习华文，不少印尼族和阿拉伯族学生选修了华文课程，有的还参加了华文补习学校（班）。中文在印度尼西亚被放在了仅次于英语的第二外语的位置，被纳入国民教育体系，越来越多印度尼西亚人都倾向于将中文作为类似于英语的一种第二语言来学习。总体而言，在国家政府的支持下，印尼的中文教育发展较为全面，拥有牢固的根基。

俄罗斯在不同的发展阶段实施不同的外语教育政策，例如，在 20 世纪 90 年代，中俄两国重新建立起良好的外交关系，经济和文化交流逐渐增加，中文在俄罗斯的影响扩大。俄罗斯的中文教育政策体系在这一时期逐渐形成。1992 年 12 月，中俄签署了《关于中华人民共和国和俄罗斯联邦相互关系基础的联合声明》，两国政府表示将促进并扩大文化、艺术、教育、信息、旅游和体育等领域的相互联系，加强两国青年之间的文化交流，鼓励两国文化组织直接联系。该声明强调加强中俄两国的广泛交流合作，其中首要措施之一就是学习对方的语言和文学。进入 21 世纪后，中俄双方合作更加深入，双方签署了《中华人民共和国政府和俄罗斯联邦政府关于在俄罗斯联邦学习汉语和在中华人民共和国学习俄语的协议》。根据该协议，中俄两国需要采取各种措施来提高俄罗斯的中文教学水平和中国的俄语教学水平。随着共建“一带一路”倡议的深入推进，中俄双方在经济、文化、旅游等领域取得丰硕的合作成果，俄罗斯对中文人才的需求前所未有地增加，俄罗斯政府积极完善相应的语言教育政策，出版了大量的中文教学与中文研究材料，注重培养专门的中文人才，为俄罗斯中文教育发展提供了充足的动力。

意大利政府的大力支持是中文教学在意大利蓬勃发展的重要

原因，也是中文教学在意大利稳步前进的有力保障。为满足人民日益增加的中文学习需求，意大利政府陆续出台了一系列扶持政策，推动建立和完善"规范化、统一化、系统化"的中文教学体系。2008 年，意大利教育部发布正式文件，宣布将中文纳入高中毕业考核范围。2012 年，意大利教育部开始采取相应措施，逐步发展高等技术学校的中文教学水平，完善中文教学体系。意大利的中文学习热潮也激发了对专业中文教师的培养需求。2016 年 2 月，意大利教育部公开招聘中文教师，建立中小学中文教师师资库。同年 9 月，意大利教育部正式发布《高中中文教学大纲》，标志着中文正式纳入意大利中小学教学体系。意大利中文教育相关政策的发布，为当地中文教学提供了统一的发展标准，为中文教学质量提升提供了有力保障。

埃及的外语教育政策密切关注全球化进程，既致力于维护阿拉伯语的标准语地位，又注重培养具备国际交流能力的现代化人才，积极推广符合国家发展需要的外语。埃及特别关注英语、法语、日语和中文等外语的推广，以促进国际交流，提升经济效力。2017 年 2 月，埃及政府启动了"教育 2.0"改革计划，与不同国家合作推出了多项外语教育政策。其中，与中文教育相关的是 2020 年中埃签署的《关于将汉语纳入埃及中小学作为选修第二外语的谅解备忘录》。随着中国国际地位的提升和影响力的增强，埃及渴望学习中国的经验，制定中文相关教育政策，为中文进入埃及国民教育体系奠定了基础。

综上，为推动中文在高质量"一带一路"共建的进程中发挥更大作用，许多共建国家及时调整外语教育政策，采取相应措施鼓励和支持中文教育的发展，为中文在当地传播与发展提供了动力。在国家政策的支持下，中文被多国逐步纳入国民教育体系，出现了具有本土特色的中文教师、教材、教法和教学标准，加速了中文教育的本土化进程，提升了中文的国际地位和影响力。

（二）中国：优化国际中文教育发展政策，深化人文交流

为促进与共建国家语言和文化的广泛交流，特别是提升共建国家人民对共建“一带一路”倡议的认同，我国尊重共建国家的语言文化，秉持求同存异、共融共进的理念，不断优化语言战略规划，积极推进外语教育的多元化和中文教学的国际化。

1. 宏观层面：优化顶层设计，深化人文交流

在宏观层面，中国作为中文母语国，不断加强国际中文教育领域顶层建设，发布了一系列政策文件，如《国际中文在线教育行动计划（2021—2025 年）》和《国际中文教育数字资源建设指南》等，旨在推动国际中文教育的标准化、系统化、智慧化发展，为中文学习者提供更广阔的学习机会和优质的学习资源，使其能够跨时空地学习和使用中文。

作为共建“一带一路”倡议的发起国，中国政府积极与共建国家签署支持中文教育发展的双边文件，在师资培养、资源开发、硬件建设等方面给予支持。如中国政府积极帮助巴基斯坦培训中文师资，增加优质国际中文教师储备。2013 年 5 月，李克强访问巴基斯坦时，就曾提到在未来五年要为巴基斯坦培训一千名汉语教师。[①]

值得注意的是，许多共建国家希望通过语言文化交流进一步

① 《中国力推汉语教师培养计划　助力巴基斯坦汉语热》，中国日报网，http://www.chinadaily.com.cn/hqzx/2013-08/06/content_16875507.htm，2013 年 8 月 6 日。

学习“中国经验”，对此，我国也采取主动态势，尽最大可能支持对象国。如埃及和我国在基础设施建设、工业化、金融与高科技领域合作方兴未艾，为埃及中文人才创造了大量就业机会，“中文热”在埃及持续升温，为埃及中文教育发展提供了良好的环境。但埃及中文教育面临教学模式单一、师资不足、本土教材开发落后等问题。为解决这些问题，中埃两国在组建专业团队、编制教学大纲、优化教学方法等方面持续深入合作，推动中文课程在埃及国民教育体系中迅速生根发芽。2008 年 9 月，中国援建的埃中友好示范学校正式投入使用，该校是埃及、中东地区乃至非洲大陆的第一所中文学校，也是埃及在低年级开设中文课程的突破性尝试。2019 年 1 月 10 日，埃及中国学生学者联合会与开罗大学孔子学院签署合作协议，建立孔子课堂，为埃及华侨华人及留学生子女提供与中国接轨的语文教学。中埃两国在教育领域的合作越发密切，推动埃及中文教学走深走实。

2010 年后，大多数受访者认为“肯尼亚语言规划领域的最新发展之一是将汉语语言和文化在肯尼亚的教育机构里引入为一门教学科目”[①]，但肯尼亚政府对中文教育政策的规划总体上是模糊的，即使已经宣布要在全国范围内教授中文，但尚不清楚肯尼亚将从何处获得这些教师，甚至不清楚中文之后会是必修还是选修。面对这一情况，中国积极与肯方开展合作，尤其是通过共建“一带一路”倡议大力资助其发展各类项目，催生了该国中文学习的需求，并通过开办教学机构教授中文和中华文化，持续地为希望

---

① 阿尤布·穆赫瓦那、P. I. 伊莱贝姆万吉著，许可译：《语言态度和语言规划：2010 年后肯尼亚的新趋势》，《非洲研究》2021 年第 1 期。

学习中文和中华文化的个人和团体提供激励，如发放奖学金和相关教育补助，这些都为中文在多语言多文化环境中的合作与竞争提供了有力支撑。

2. 微观层面：坚持问题导向，强化内涵发展

从微观层面来看，在相关政策的扶持下，国际中文教育在办学层次、教学形式、师资培养和资源建设等方面取得了长足进步，致力于打造更加开放包容、更加优质可及的新格局，更好地满足各国人民学习中文的需要。

其一，国际中文教育办学层次不断完善，许多学校为来华留学生增设专门的中文专业，加强了本科教育和研究生教育。2022 年 9 月 13 日，国务院学位委员会和教育部面向社会正式发布《研究生教育学科专业目录（2022 年）》[①]（以下简称《新版目录》），自 2023 年起实施。在《新版目录》中，将原“汉语国际教育”专业学位类别正式更名为“国际中文教育”（代码 0453），同时增设专业博士学位，标志着国际中文教育专业本、硕、博贯通培养体系的正式形成。

其二，教学形式不断发展，进一步形成了以学校教育为主体的多渠道、全方位式教育体系。除传统的授课模式外，利用互联网和新媒体平台的线上线下相结合的授课方式越发成为主流教学模式。利用社交媒体，尤其是短视频媒介独有的短、平、快的特点，可以拓宽国际中文教育的范围，丰富教学形式，使中文的传播速

① 《国务院学位委员会　教育部关于印发〈研究生教育学科专业目录（2022 年）〉〈研究生教育学科专业目录管理办法〉的通知》，中华人民共和国教育部，http://www.moe.gov.cn/srcsite/A22/moe_833/202209/t20220914_660828.html，2022 年 9 月 14 日。

度和传播效率得到飞跃式提升。

其三，师资队伍逐渐形成，致力于培养一支有经验、有素质、有能力的师资队伍，推动师资建设的规范化、标准化。2022 年 8 月 26 日，《国际中文教师专业能力标准》正式发布。作为世界汉语教学学会首个以团体标准形式发布的准则，该标准参考借鉴多国语言教师培养标准，适应了新形势下国际中文教育发展的新趋势、新目标和新要求，强调了以师德为先、以素养为基、以学习者为本、以跨文化能力为重的国际中文教师发展目标，在规范国际中文教师培养、培训以及教师能力评价认定和专业发展方面有着重要的引领作用。

其四，教学资源开发建设不断创新发展。"经过近 70 年努力，截至 2020 年年底，全球共出版国际中文教材达 19530 种，涵盖 80 个语种，年均发行世界 101 个国家的 1200 余个中文教学机构，融入 20 余个国家国民教育体系；数字教材近 4000 种，慕课微课近 2 万节，数字应用近 1000 个。"[①] 目前，我国已成为中文教学资源最大产出国，优质线上课程资源供给能力显著提升，完善丰富了中文教育学习资源库。

二、由点及面：多元的渠道支撑

为深化语言互通与教育交流，提升中文教育交流合作的内涵、层次和水平，中国与"一带一路"共建国家携手努力，通过做好孔子学院品牌运营、完善学校教育、建设学术研究中心、发展职

① 马箭飞、梁宇、吴应辉、马佳楠：《国际中文教育教学资源建设 70 年：成就与展望》，《天津师范大学学报（社会科学版）》2021 年第 6 期。

业培训和搭建互联网平台等形式发展中文教学，构建立体化、多元化、特色化的中文教学实施渠道，促进国际中文教育提质增效。

（一）稳定发展的孔子学院品牌

孔子学院作为国际中文教育的知名品牌，已经成为世界了解中国的窗口与桥梁。孔子学院（课堂）提供学生教学、教师培训、教材开发、中文考试、信息咨询及各类中外语言文化交流活动等服务，致力于满足世界各国人民的中文学习需要，是许多“一带一路”共建国家中文教育事业发展的重要载体。

截至 2024 年，印度尼西亚一共有 9 所孔子学院。这些孔子学院面向学生、教师、官员等开设各种中文和中华文化课程，在两国的教育交流合作中扮演重要角色，有助于推动更多印尼人学习中文，促进中文及中华文化在印尼的传播。

俄罗斯当前共设有 19 所孔子学院和 4 个孔子课堂，这些孔子学院和孔子课堂充分发挥优势，结合当地特色，开展多元的文化交流活动，成为俄罗斯学习中文和了解当代中国的重要平台，受到当地人民的热烈欢迎。如圣彼得堡私立补充教育“孔子”东方语言文化学院的独立孔子课堂在当地设有 4 个中文教学点，指导当地 5 所大中小学的中文教育工作，覆盖了全市 17 个区（共 19 个）、156 所中小学和 17 所大学及企事业单位。2016 年，在第十一届孔子学院大会上，该孔子课堂荣获世界最优秀孔子课堂奖，成为俄罗斯补充教育系统中最大的中文教学单位，为中文在俄罗斯的传播做出了杰出贡献。

肯尼亚的国际中文教育发展主要依托中外高校合作开办孔子学院。2005 年，内罗毕大学孔子学院正式挂牌，该孔子学院既是肯尼亚第一所孔子学院，也是非洲第一所孔子学院，将学习中文和中华文化的热潮引向肯尼亚。2008 年 12 月，肯雅塔大学孔子学院正式成立，使得中文和中华文化在内罗毕得到了迅猛的传播。2013 年 12 月，南京农业大学与肯尼亚埃格顿大学合作，建立了埃格顿大学孔子学院。该所孔子学院不仅提供普通的中文课程，还提供农业技术课程。此外，2015 年 3 月，肯尼亚与上海东华大学合作，建立了第一所以纺织和时装设计为特色的孔子学院——莫伊大学孔子学院。截至 2020 年 12 月，肯尼亚有 4 所孔子学院和 2 个孔子课堂，这些孔子学院通过开办中文俱乐部、中华文化交流项目等方式为广大中文学习者提供了学习中文的途径，让中文渐渐走入各个学校、走入人们的生活。

（二）系统完善的学校教育

本部分论述的学校教育主要指开设中文课程或设置中文专业的当地学校。随着中文被纳入部分"一带一路"共建国家的国民教育体系，学校教育成为开展中文教育的中流砥柱，发挥着系统稳定的支撑作用。

以印度尼西亚为例，该国已将中文教育纳入国民教育体系，具备较为完善的中文教学体系。办学形式涵盖了从正规教育（如大中小学、三语学校等）到非正规教育（如家教、补习学校等）的多个层面，具备学前、小学、中学、大学等多个办学层次，正逐步渗入职业教育领域，如珠海城市职业技术学院与达尔玛·帕尔沙达大学合作建设了中文研究中心，致力于发展印尼的职业中文教育。

其中，印度尼西亚高中（包括公立与私立学校）开设的中文课程主要有三种类型：中文选修课、中文必修课以及中文特色课。必修课要求较高，课时较多，需完成定期的成绩考核。选修课和特色课课时数相对较少，要求较为宽松，但与选修课不同的是，每个学生都被要求参加中文特色课。同时，已有不少印尼高校开设了专门的中文系，展开相应的中文教学和汉学研究，并取得了不错的教学、科研成绩，如印度尼西亚大学、达尔玛·帕尔沙达大学和丹戎布拉国立大学等。

截至 2024 年 8 月，印尼开设中文专业的高等院校约有 30 所。[①] 印尼高校的中文系也逐步采用多元化的办学形式，既有独立办学，也有中印尼联合培养。以印多努沙大学为例，2014 年 4 月，南京晓庄学院与印度尼西亚合作，建设成立印多努沙大学中文系。同时，中印尼两国高校之间的交流与合作也十分密切，仅暨南大学就与 10 余所印度尼西亚高校建立了合作关系。

近年来，一种新型的中文办学形式——三语学校，正逐渐在印度尼西亚兴起，成为助推中文教学与中国语言文化传播的新力量。该种学校属于私立学校的范畴，通常由华人社团、基金会、宗教社团或个人（包括多人合资）创办，以印尼语、英语和中文三门语言为主要的教学内容。因此，可将三语学校视为一种新型华校。相对于其他开设中文课程的学校，三语学校的中文教学比重较高。例如，学前教育阶段的中文教学不仅包括每周 4 节的中文课，而且需用中文作为主要教学媒介语教授美术、手工等兴趣课程以及组织各类课外文化活动；在小学阶段的中文课时最多，每

① 《印尼中文人才为何受青睐？》，光明网，https://m.gmw.cn/2024-08/01/content_1303808220.htm，2024 年 8 月 1 日。

周至少 4 节，部分学校甚至可以达到一周 16 节。三语学校的建立和发展既顺应了印尼的社会发展趋势，又考虑到全球经济发展形势，体现了语言的经济导向和市场效益，有助于中文教育在印尼的可持续发展，已成为印尼中文教学发展的新趋势。

俄罗斯作为世界上最早开展中文教育和汉学研究的国家之一，中文教育也是其高等教育的重要组成部分。"全俄培养汉语人才的高等学校共计 179 所，汉语作为必修课已被纳入'国外区域学''语文学'等专业的人才培养框架，学习汉语的大学生人数超过 2.2 万人。"[①] 除此之外，许多高校还设立了中文教研室，如莫斯科国立大学亚非学院、圣彼得堡国立大学、远东联邦大学、新西伯利亚国立大学等，是俄罗斯中文教学与研究的重要阵地。

（三）高端专业的研究中心

"一带一路"共建国家的知识精英、科研学术机构也进行了不同程度的合作，提供更加高端、专业的中文教学和汉学研究平台，这些平台从更高层次关注中文和中华文化的海外需求点，为国际中文教育发展和中华文化国际传播探索新的渠道与模式。

以汉学中心为例，各国汉学中心为各国编写本土中文教材，并在此基础上与各国知名文科大学合作建立汉学系，参与各国汉学研究和国际交流工作。各国汉学中心除了主动加强文化交流，还积极推动中文及相关课程纳入所在国教育体系，促成大学、中小学开设中文主修或选修课程。再如海外中国文化中心，自 20 世纪 80 年代开始，中国逐步开始在海外设立中国文化中心，以促进

---

① 汪磊：《俄罗斯汉语教育现状与发展趋势》，《西伯利亚研究》2020 年第 1 期。

两国之间的文化交流与合作。截至目前，已成立了 45 所海外中国文化中心，其中亚洲 16 所、欧洲 18 所、非洲 6 所、北美洲 1 所、大洋洲 4 所。[①] 中心不仅定期举办演出、展览、艺术节和文体比赛等各类文化活动，还组织学术讲座、研讨会和汉学家交流等，以促进中文及中华文化的学习交流，此外文化中心还承担培训中文教师的任务，并定期组织语言、艺术、体育等培训的项目。

巴基斯坦也成立了类似的中文研究机构。如 2014 年，巴基斯坦信息技术学院中国研究中心于伊斯兰堡成立；2016 年，巴基斯坦国立科技大学中国研究中心成立。中心以宣传中国这一巴基斯坦最重要的地缘政治伙伴和经济伙伴为己任，同时担负着向中国人民展示巴基斯坦真实形象的任务。

再如印尼高等院校中文系协会，该协会于 2015 年成立，协会成员来自印尼高等院校的汉语言、中国文学、中文教育和汉学研究等专业。该协会的成立为全印尼高等院校提供了一个专门的中文教育网络合作交流平台，促进了教师和学生之间的互动和资源共享，推动了中文教育在印尼的普及和发展。

俄罗斯也同样具有提供中文教育、开展中华文化国际传播的社会机构、组织等。如莫斯科州国立大学汉语暨中国研究中心，该中心于 2015 年 2 月 12 日在莫斯科州国立大学成立。中心的目标是培养更多掌握一流中文技能的教师、翻译及了解如何同中国合作的商业人士，同时为计划来莫斯科州经商的中国人提供俄语培训及政治、心理和经济方面的辅导。该中心的成立不仅为莫斯

① 中外文化交流中心、文化和旅游部海外文化设施建设管理中心：https://www.cice.org.cn/portal/site/zongzhan/bsc/bsc.jsp。

科州各界喜爱中国、爱好中国语言与文化的人士提供了学习中文、研习中华文化的平台，也通过针对性的人才培养推动中俄文化联系和商贸往来，是中俄两国教育合作的成功范例。

埃及的许多社会机构，如埃及中国学联、开罗中国文化中心、埃及—中国友好协会、埃及国家翻译中心也在助力中文教育学科和事业的发展。2019 年 2 月，埃及中国学联与开罗大学孔子学院为了向旅埃华人华侨留学生子女提供接受中文教育、掌握中华文化的机会，合作共建学联“中文课堂”。学联“中文课堂”针对不同水平的中文学习者开设了 4 个不同的班级，以中国九年义务制教育课本为主要教学材料，辅以国学、武术等多样文化课程。开罗中国文化中心，是中国在海外设立的第一个大型文化中心，其基础设施完善，建有展厅、多功能厅、语音实验室、图书馆、餐厅等。仅 2019 年，该中心就举办了龙舟赛、手工艺作品展、传统文化讲座、华语歌曲比赛、演讲比赛、武术散打对抗赛、图片漫画展、文学交流讲座、读者沙龙活动、音乐会等多项活动。埃及—中国友好协会于 1958 年成立后，举办讲座、论坛、文化节、展览会、研讨会等系列活动，积极推动两国人民在经济、文化、教育、体育等事务上的合作交流。2018 年，埃及—中国友好协会迎来了成立六十周年的重要时刻，中埃双方都对协会为中埃人民之间的交流互通做出的贡献表示肯定，并期待协会未来能够继续深化各领域的合作，推动两国政府和人民展开更深入广泛的交流。此外，埃及国家翻译中心与其他机构积极展开合作，推动了一批优秀的中国文学作品在埃及的出版，为中埃文学交流搭建了桥梁。该中心还与开罗中国文化中心合作举办了“全埃中国当代青年小说翻译大赛”，以激励埃及年轻的中文翻译者，挖掘优秀的翻译人才，进一步促进中埃之间的文学与文化交流。

（四）特色导向的职业培训

推动共建“一带一路”高质量发展、实现更高层次的合作交流急需“通语言、懂技术、跨文化”的复合型人才，这要求国际中文教育聚焦语言主业，因地制宜开设高铁、商务、物流、中医等特色中文课程，为构建人类命运共同体提供国际复合型人才。“中文 + 职业技能”可帮助学习者获得更多的中资企业就业机会、更好的经济收入以及更高的生活质量。这项从供给侧角度推进的教育创新改革，能有效增强中文在该地区的教学活力及传播影响力。由此可见，“变‘学中文’为‘用中文学职业技能’，以职业教育赋能国际中文教育，逐渐成为国际中文教育转型升级的重要驱动力。

总体而言，中文教学的职业化导向日益明显，酒店管理、旅游服务、航空运营、贸易交流等职业领域的中文培训正成为国际中文教育专业化发展的重要方向之一。如肯尼亚，从其孔子学院（课堂）的课程设置来看，其中文教学从一开始就和“应用”建立了关联。许多学习中文的学生是为了在中资企业或机构找到工作，或是在职人员迫切需要提升中文水平，以便更顺畅地与中资企业或机构的人士交流。因此，“中文 + 职业技能”是肯尼亚中文教育发展的主流。以埃格顿大学孔子学院为例，该孔子学院是全球首家农业特色孔子学院，多年来始终坚持以教授中文和传播中华文化为本、以“中文 + 农业技术”为特色的办学道路，在农业领域将中文学习和文化传播引向深入，助力当地发展。

鲁班工坊是国际知名的职业教育品牌，该工坊以代表我国工匠精神的"鲁班"命名，与"一带一路"共建国家对国际化专门技能人才的需求紧密结合，通过境外办学和国际合作办学的形式，为共建国家的发展提供智力和人才支持。如我国天津现代职业技术学院与巴基斯坦旁遮普省技术教育与职业培训局合作建设的鲁班工坊。该工坊以为巴基斯坦旁遮普省培养适应当地经济社会发展的中文技术技能复合型人才为发展目标。鲁班工坊分专业职业技术培训区和专业汉语培训区。职业技术培训区设立机电一体化教学区和自动化生产线教学区，主要用于在巴基斯坦开展学历教育和职业技术培训。专业汉语培训区主要进行专业汉语及中国职业技能文化课程培训，使学生了解中国传统职业技能文化历史和中国职业教育现阶段发展情况，领悟巴基斯坦鲁班工坊所代表的中国职业教育精神。①

国际中文教育和职业教育融合"走出去"已经成为一种潮流，截至 2023 年底，已有 400 余所高职院校和国外办学机构开展合作办学，全日制来华留学生规模达到 1.7 万人，在海外 25 个国家建立了 27 个"鲁班工坊"，在 40 多个国家和地区开展"中文 + 职业教育"特色项目。②"中文 + 职业技能"不断致力于培养更多懂中文的技术人才，更好地服务"一带一路"共建国家的民生福祉和海外中资企业的需求。

---

① 《中巴经济走廊上的"鲁班工坊"建成启用》，搜狐网，https://www.sohu.com/a/242548262_284449，2018 年 7 月 21 日。

② 《走向世界的中国职业教育——共建"一带一路"十年来职业教育合作成果综述》，人民政协网，http://www.cppcc.gov.cn/zxww/2023/11/29/ARTI1701220485973103.shtml，2023 年 11 月 29 日。

（五）智慧高效的数字教育

国际中文教育领域的数字化转型提供了智能化教学解决方案，有助于实现个性化语言学习，为“一带一路”共建国家和地区的学习者提供了更多的中文学习机会。

在共建“一带一路”背景下，政府机构、企业和高校均为推动国际中文教育数字化转型的活跃实践主体，且注重跨国别、跨学科合作，开展了一系列实践活动。2019 年 10 月，由国家语委指导、科大讯飞股份有限公司建设的“全球中文学习平台”上线；2020 年 3 月，“中文联盟”数字化云服务平台上线；2020 年 10 月，由中外语言交流合作中心与希腊爱琴大学合作的首家“网络中文课堂”正式运行；2021 年 12 月 11 日，中外语言交流合作中心与华东师范大学在线签约国内首家“语合智慧教室”的建设；2022 年 5 月，高教社出版《体验汉语 VR 视听说教程》新型教材；2022 年 6 月 18 日，北京语言大学面向全球正式发布“国际中文智慧教育工程”核心成果“国际中文智慧教学平台 1.0 版”；2023 年 1 月，由商务印书馆和北京语言大学教授团队联合打造的“JUZI 汉语”App 正式发布。上述活动从教学平台、教学资源、教学模式等方面助力中文教育数字化转型向线上与线下、虚拟与现实深度融合的方向发展。①

“一带一路”共建国家也在逐步推动国际中文教育数字化发展，并取得了一定的成效。印度尼西亚不少中文培训机构为学习者提供实时在线课程，如雅加达星辰汉语培训中心（www.starzin.

① 宋继华、张曼、何春：《教育数字化转型与国际中文教育数字生态建设》，《云南师范大学学报（对外汉语教学与研究版）》2023 年第 5 期。

com），XIFU 中文在线学习中心（www.xifumandarin.xyz），北京标准（Beijing Standard，www.beijingstandard.net），学习普通话（Belajar Bahasa Madarin，www.mandarin.web.id）等。

意大利教育部在 2020 年 3 月 3 日上线了一个官方网站，用以提供远程教学服务，该网站包含一系列的免费在线教学平台，推出首日访问量高达 35000 人次。根据一项面向全意大利高校的调查（共 77 所高校参与，占全意高校总数的 90%），远程授课的课程数量达到 6.4 万门，占所有课程数量的 94%，共有 120 万大学生通过该网站参加了在线远程课程学习，其中注册大学生占 80%。[①] 此外，意大利民众还可以通过手机或平板的应用商店下载如 Hello Chinese、Pleco、Duolingguo、Chinesepod、HSK Vocabulary、Drops 等 App 学习汉语拼音、词汇、语法、句子等。

埃及境内越来越多教师也意识到了建设在线中文教学资源库的紧迫性与必要性。埃及现今的数字化资源主要有智慧宫翻译、智慧宫文库等，专门的中文资源还在建设中。[②] 此外，中埃两国在数字出版领域也取得一定成效，2018 年 7 月，中阿启动了中阿电子图书馆项目，经过一年的发展，中方上传 100 册来自国家数字图书馆的“中国古代经典文献”电子书，阿方上传 108 册电子书资源，其中有不少书籍与中国相关。该项目的启动，给中埃文化交流提供了一个新的数字化平台。

① 安雨帆:《意大利:120 万大学生参加线上课程学习》,《上海教育》2020 年第 14 期。

② 陈雯、刘丽莎、雷莉:《新形势下埃及中文教学资源发展研究》,《云南师范大学学报(对外汉语教学与研究版)》2021 年第 4 期。

第三节 发展瓶颈：滞后的教学资源建设

从广义上讲，在教学过程中被教学者利用的、支撑教学的、为教学服务的人、财、物、信息等要素，都可以被看作教学资源。但从狭义上讲，教学资源（学习资源）的组成部分主要是教材、教学环境及教学后援系统。本节将重点关注直接影响中文教学效果的教师、教材等教学资源建设问题。

一、人才窘境：师资构成及培养体系有待优化

国际中文教师作为教学的主体，处在中文教学的第一线，他们直接影响着教学成效，因而国际中文教师是推动国际中文教育学科健康发展的关键因素。

（一）师资队伍结构不合理，本土中文教师匮乏

整体来看，“一带一路”共建国家中文师资力量较为薄弱，主要存在以下几方面的问题：

第一，中文教师数量不足。以巴基斯坦为例，在中巴两国经济、军事、文化交流不断加强的背景下，巴基斯坦从官方到民间掀起了一场“中文热”，中文学习需求快速增加。中国的外派中文教师在巴基斯坦中文教学活动中发挥骨干作用，但由于气候恶劣、社会动荡等原因，我国每年赴巴基斯坦的外派教师、志愿者教师很少，只有 20—30 人，加之巴基斯坦中文教师本土化发展缓慢，导致中文教师严重短缺，制约了巴基斯坦中文教育的发展。再如肯尼亚，其中文教学几乎完全依赖来自中国的教师，由于当地条件

艰苦，自愿前往肯尼亚进行中文教学的人极少，中文教师、志愿者教师难以引进。虽然肯尼亚有一批愿意从事国际中文教育的本土中文教师，但其数量合并在一起也不过几十人。肯尼亚当地学习中文的人数越来越多，中文教师数量缺口较大，严重制约了肯尼亚中文教育的顺利开展。

第二，本土中文教师短缺，质量不高。“一带一路”共建国家的中文师资主要为外派中文教师和本土中文教师。中国教师带来了系统、纯正的理论知识，但因为语言沟通障碍、文化风俗差异、教学习惯不同等客观原因，中国教师对学生的了解远远不及本土教师那么深，无法及时纠正学生在学习过程中出现的认知偏差、方法问题，也无法及时发现学生在学习中遇到的困难。同时，中国教师需要花费较长时间寻找最佳的教学方式，也在一定程度上影响了教学进程。针对这一问题，学界普遍认为应该培养国别化和本土化的中文教师，从而更有利于国际中文教育的长远发展，但总体而言，共建国家的本土中文教师仍然短缺，且质量不高。

以埃及为例，“埃及早期的汉语教师多数是本土教师，并且多数有在中国留学的经历，回国后参照中国的课程模式在本校设立了相关专业的课程。这些教师有一定的汉语知识，但是由于学习时间较短，掌握的知识有限，进行初级汉语教育尚可，一旦涉及中高等教育或专业课程教育就有点力不从心”[①]。

印度尼西亚的情况更为复杂。印尼中文教师主要有四种类型：一是在中国受过中文教育的高学历中文教师，他们一般服务于印尼的各大高校；二是从中国聘用的中文教师，以及中国志愿者教师

① 张路:《“一带一路”视角下埃及汉语教学资源建设研究》，华侨大学2019年硕士学位论文。

和外派教师，这类教师的服务范围很广，幼儿园、中小学到大学都有；三是本身具有一定中文功底，受过简单训练，获得了从事中文教学工作资质的教师，他们主要服务于幼儿园、中小学和补习班；四是没有接受过专业训练，中文水平较低的应聘教师，他们一般工作于非正规机构。总的来看，由于中文教育的“断层”，印度尼西亚本土中文教师数量远远不足，并且水平参差不齐，整体较低，没有掌握较好的二语教学理论，缺少相应师范技能培训，不能很好地适应印度尼西亚中文教育发展的需要。

第三，“中文 +”教育专门用途中文教师[①]短缺，难以满足共建国家外交中文、旅游中文、商务中文、交通中文、空间站中文等专业中文的学习需求。专门用途中文教学能够为企业培养出具有一定专业技术的应用型中文人才。因此，专门用途中文教师不仅要具备一般中文教师所需的中文知识和教学技能，还要具备某些专业性领域的基本知识和技能。如巴基斯坦政府“2025 发展愿景”与共建“一带一路”倡议实现对接，巴国内对“中文 + 职业技能”复合型人才的需求越来越大，但巴基斯坦缺乏懂中文、通技术、晓文化的复合型技能人才和管理人才，这制约着中巴双方的政策沟通、设施联通、贸易畅通和资金融通。中巴双方紧紧把握“中文 +”时代需求，通过鲁班工坊等精准实施“中文 + 职业技能”教育，但从结果来看，仍然缺乏能够完全胜任这类教学任务的中文教师。

① 专门用途中文教师是指在其本国将中文作为第二语言教学和研究的教师，且主要教授某些专业学科领域、特定职业或固定场合使用的中文。

（二）海外中文师资流动频繁，缺乏稳定性

客观来看，外派中文教师是解决师资问题的重要途径，外派教师能在短期内奏效，却不利于行业的可持续发展。中国外派的中文教师和志愿者教师任教期一般为 1—4 年，缺乏稳定性。尤其是中文志愿者教师，一般他们刚刚适应了异国环境，初步形成了自己的教学方法论，服务期就结束了，转而由新的志愿者接替他们的工作。这不但影响中文教师队伍的培养，也给中文学习者造成了很大的困境。此外，外派的中文教师和志愿者教师远赴海外，身处陌生的环境，工作压力和心理压力较大，加上职业缺乏稳定性，很多中文教师选择放弃这一职业，这使得中文教师队伍呈现年轻化的特点，缺乏经验丰富的中文教师。

以意大利为例，按照规定，外派中文教师的任职期限通常是 2 年，但如果选择继续任职，最长可至 4 年，志愿者教师任职满 1 年，可获得 1 次申请留任机会。外派中文教师、志愿者教师都经过了严格的选拔、训练，具备较为完善的专业知识、技术。在任职的初期，他们需要进行一段时间的跨文化适应和教学磨合，在任职的中后期，他们还要面对国内就业市场竞争以及毕业论文答辩的压力，这使得很少有外派教师、志愿者教师选择延长任期。而意大利本土中文教师多是合同制，工作非常不稳定，缺乏生活保障。尽管意大利教育部已经对中文教师开放了在编考试机会，但并不能满足大多数中文教师的发展需求，加之晋升大学教授的机会有限，一旦这些本土教师有更好的发展机会，他们往往就会放弃中文教学工作。

肯尼亚也面临外派教师不稳定、中文教学持续性不强的问题。肯尼亚外派教师的任职期限通常为 2 年，但如果双方协商同意，

则可获得不超过 4 年的延长任期申请机会。志愿者教师的任期基本为 1 年，最长不得超过 3 年。虽然二者都有延长任期的机会，但由于当地环境较差、生活条件艰苦，很多教师在第一个任期结束后就不愿再留任了。虽然随着肯尼亚政策的出台和社会发展越发稳健，外派肯尼亚教师人数有所增加，但大多经验不足，缺乏专业培训。他们大多本科刚毕业或者处于研究生在读阶段，虽然具有一定的教学经验，但多是在国内，并没有真正到异国他乡开展中文教学，对非洲国家的文化背景、教育政策和风俗等并不十分了解，存在着一定的畏惧心理，没有进行系统的岗前培训便直接上岗，极易产生文化休克，严重阻碍了中文教学的顺利开展。

再如巴基斯坦，由于中文教师数量不足，伊斯兰堡、卡拉奇和拉合尔的一些中国教师需要同时在两所学校任教，教学任务繁重。尤其是卡拉奇孔子学院的教师，则需要更强的心理承受能力和调整适应能力。卡拉奇属于热带沙漠气候，全年高温少雨，高温天气对常年生活在温带的中国教师来说是个不小的挑战。[①] 加上卡拉奇存在较严重的安全问题，院方出于安全考虑，会限制教师的行动，在没有课程安排的时候，教师大多只能待在房间里，出行也只能集体出行，并且得有专人持枪保护。这种“半囚徒式”的生活，会使孔院教师产生一定的心理负担，他们可能需要花较长的时间和较多的精力调整自己的精神状态。

印度尼西亚的中文教师常常需要同时在多所学校任教，而且在各学校教授的年级、课程也有不同，有的甚至同时在幼儿园、

① 王钰清：《巴基斯坦卡拉奇大学孔子学院汉语教学现状调查》，四川师范大学 2016 年硕士学位论文。

小学、中学，乃至大学讲授中文，还有一些教师在课余时间自行开设补习班，或者到补习学校做兼职。这其中有两个重要的原因：一是中文师资匮乏；二是中文教师的工资不高，需要"身兼数职"以贴补家用，这使得大部分民众很难将中文教师作为职业追求，也在很大程度上影响着国际中文师资的可持续发展。

（三）信息技术能力不足，数字素养亟待提升

随着国际中文教育开始大规模实践在线教育，其教学内容、教学模式、教学手段等都发生了变化，对国际中文教师的信息素养也提出了更高的要求。虽然许多教师积极适应智慧化教学模式，参与在线教学技能培训，练习使用多媒体设备与社交软件，但整体来看，许多教师只是将传统教学方式简单平移到在线教学中，在线中文教学能力薄弱，信息素养水平偏低。

总体来看，"一带一路"共建国家国际中文教师信息素养发展主要受以下几方面因素影响：

其一，从客观环境来看，不同国家和地区的网络教学软硬件条件直接决定了在线中文教学是否能够成功开展。根据联合国儿童基金会的调查数据，在全球 71 个国家中，能够上网的人口不足一半；而在非洲的大多数国家里，只有不到四分之一的人口能够上网。[①] 以埃及为例，其互联网渗透率仅为 40%，网络速度较慢，很多地区甚至无法正常使用网络。教师与学生很难随时随地获取网络教学资源，网速过慢导致教学平台无法流畅使用，网络问题成为阻碍埃及在线中文教学进程的巨大难题。教师长期缺乏可用的

① 参见《联合国儿童基金会：远程教育机会不平等有可能加深全球学习危机》，联合国新闻网，https://news.un.org/zh/story/2020/06/1058942，2020 年 6 月 5 日。

网络环境来进行教学演练和培训，在很大程度上阻碍了埃及中文教师信息素养的提升。

其二，国际中文教育领域对中文教师的信息素养培养处于萌芽阶段，缺乏兼具系统性和针对性的培训。虽然我国教育部印发的《教育信息化 2.0 行动计划》明确要求“大力提升教师信息素养，推动教师主动适应信息化、人工智能等新技术变革，积极有效开展教育教学”，但是，国际中文教育专业在培养方案、课程设置、课程内容等方面，对学生应具备的信息素养的重视程度严重不足，导致中文教师的培养与国际中文教育市场的新需求脱节。而“一带一路”共建国家的中文教师培训尚未涉及运用信息能力提升教学实践和学术研究，也未有系统的培训模式以提高教师的在线教学技能，这使得大部分中文教师对在线中文教学的理念、方法和技巧掌握不够，难以很好地掌控在线课堂。

其三，教师自我提升动力不足，数字化意识薄弱。许多“一带一路”共建国家的中文教师的信息化与现代化意识比较薄弱，难以熟练使用现代教育技术与平台，对新工具、新技术、新平台的重视程度与使用程度都很低。以埃及为例，受宗教信仰和文化习俗影响，埃及教师的教学理念较为保守，倾向于使用传统的课堂教学模式，对在线教学模式较为排斥，也极少主动提升在线教学能力。

（四）师资培养缺乏系统性和针对性，培养体系亟待优化

近年来，在中外语言交流合作中心指导下，各高校不断从课程设置、考核标准制定等方面完善国际中文教育师资培养体系，但由于“一带一路”共建国家具有多元文化背景，以及高等教育

发展不均衡，中文师资培养体系还存在以下三个主要问题：

其一，缺乏基于本土视角的师资培养体系，针对共建国家的"区域化"需求不突出。"我国中文师资的来源同时立足于长期培养和短期培训，即学历教育（即汉语国际教育专业所培养的本、硕毕业生）和汉语教师志愿者的选拔培训并重"①，但就实际成效而言，专业培养模式未能对接共建国家的区域化需求，课程规划和教学组织形式不够科学，教育实践类课程训练不足，导致中文教师的培训过程和实际教学实践严重脱节，教师难以快速适应共建国家的生活和工作环境，既打击中文教师的积极性，影响师资队伍的持续发展，也严重阻碍教学进程。

其二，中文师资培养的内容、方式和标准未能坚持以市场需求为导向，尚未形成可持续发展的培养体系。在内容方面，中文师资的培训多以概括性的知识、理论为主，与现实脱节，与教师的实际需要及个性特征不符，例如，在我国一些大学的国际中文教育专业的课程体系中，缺乏以共建国家的风土人情、制度规范、教学习惯等为主要内容的文化课，不利于发展教师的跨文化交际能力。共建国家之间经济贸易合作的开展，催生了"中文＋"教育的发展，但少有面向"中文＋职业技能"的教师培养。在培养方式上，对中文师资的培训多为短期集中培训，缺乏长期培养和阶段性、个性化的培训，而且中文教师在培训中接触到的实践形式基本上是讲座、教学视频、微课、慕课等，很少能够走进真实的课堂去参与试讲。另外，由于时间和空间限制，教师上岗前缺少

① 陆珏璇、高雪松：《国际中文教育教师规划研究：现状与对策》，《云南师范大学学报（对外汉语教学与研究版）》2022 年第 5 期。

实习机会，难以将教学理论运用到教学实践中去。在培养标准方面，2022 年最新发布的《国际中文教师专业能力标准》明确了国际中文教师专业能力的核心要素与通用内容，包含专业理念、专业知识、专业技能、专业实践和专业发展 5 个维度、16 项指标，为国际中文教师培养、培训、能力评价与认定及教师专业发展提供了规范引领。[①] 该标准新增了中文教师信息素养的培训和考评，但具体如何操作并未明确指明。

其三，不同国家地区的教育机构各自为营，缺乏共商共建的人才培养合作机制。一方面，相对政治、经济领域的合作，中国和共建国家在教育领域的交流对话还有待加强，不同国家和地区的中文师资培训未能形成良好的沟通交流机制，使得许多中文教师在从一个国家派往另外一个国家时，需要重新接受培训，增加了时间成本，也降低了工作效率。另一方面，同一国家和地区的不同教学机构也未能在中文师资培养方面积极对话沟通，难以最大化利用教学资源。以埃及为例，埃及各中文教育机构，尤其是两所孔子学院，它们之间更多的是竞争关系，而不是合作关系。“虽然竞争关系在一定程度上能够激励埃及汉语教育事业的发展，但是这种发展不是长远的，也不符合‘一带一路’倡议中‘合作共赢’的目标”[②]，也不利于中文教师的发展。

---

① 冯丽萍、姜凝馨、叶一帆：《〈国际中文教师专业能力标准〉的特征与应用分析》，《国际中文教育（中英文）》2023 年第 1 期。

② 张路：《“一带一路”视角下埃及汉语教学资源建设研究》，华侨大学 2019 年硕士学位论文。

二、教材困境：本土化教材开发利用滞缓，缺乏共建共享机制

教材是教和学的主要依据，是连接教师、学生和教学法的纽带，中文教材在国际中文教育中占有极重要的位置。近年来，在中外语言交流合作中心的大力支持下，中文教材的编写与研究取得了一定的成就，但也存在较多问题。

（一）国内中文教材本土化特色不明显，海外引用率较低

中文教材是向海外民众展示真实、立体、全面的中国，帮助其了解、感知中文乃至中华文化的重要载体。为尽量满足海外中文学习者的学习需求，国内专家学者专注于研发中文教材，取得了较大的成效，主要体现在以下几方面：其一，教材数量快速增加，规模不断扩大。其二，中文教材体系初步成型，明确以学习者、教师作为两大使用群体，以中文教材、文化读物、考试辅导、工具书、数字多媒体为五大类型，基本涵盖所有教育层次[①]，极大地改善了教学资源匮乏的局面。

虽然目前已经基本实现了国际中文教材多语种、广覆盖，但仍有许多问题值得注意：

其一，从教材质量来看，许多教材编写目的不明确、使用对象模糊、地域文化导向不明显。大部分的教材没有明确使用对象的中文水平，没有明确使用者的国别，也没有明确适用的学习阶段，更没有对教材的具体内容、难度、输出模式等进行针对性的安排，使得教材的针对性不明确，适应性不强，影响其使用成效。如巴基斯坦的拉合尔孔子学院和卡拉奇孔子学院，由于可供选择

---

① 梁宇：《孔子学院教学资源发展研究》，《教育学术月刊》2021 年第 5 期。

的中文教材较少，两院的中文教师都选用《HSK 标准教程》《汉语教程》和《新实用汉语课本》等作为教材，特色项目课也没有统一的教材，难以根据学生的水平、年龄和需求选择不同课本，影响中文教学的多元化、个性化开展。

其二，从教材的本土化发展来看，国内研发的中文教材多为普适性的语言教材，即“从编写者的视角出发，以适应许多国家或地区学习者的学习需要为目标，设计、编写和制作以某一语言作为外语或第二语言教学的教材”[①]。“一带一路”共建国家的中文教育是以中文为外语，在非目标语环境下进行的多元化、多层次的语言教学，面向多个年龄段、多个层次的学习者。而我国出版的中文教材在地域上没有体现出鲜明的国别特色，很难适应各国、各地区的具体教学情况。此外，普适性、通用型教材常以中国历史、地理、文学、民俗、政治、经济等内容为主，不会编写太多关于某个对象国的内容，这导致学生难以在学习中将中文与母语进行对比，而且容易忽略人类文化的多样性和差异性，导致跨文化交际问题。

以肯尼亚为例，在教育需求日趋多样化的情况下，已有的教材已无法完全适应教学需求，教材的开发出现了明显的滞后现象，主要体现在缺少本土化教材和实用型短期培训教材两个方面。肯尼亚的三所孔子学院面向在校学生、在职人员和校外社会人士提供中文培训服务，培训结束后发放课程证书。虽然培训对象和教育类型各不相同，但所采用的教材却基本一致。调查显示，北京

① 吴应辉：《关于国际汉语教学“本土化”与“普适性”教材的理论探讨》，《语言文字应用》2013 年第 3 期。

语言大学出版社出版的《长城汉语》《新实用汉语课本》《快乐北京——实用日常汉语会话》《步步高——汉语阅读教程》，北京大学出版社出版的《新标准汉语：初级篇》，以及人民教育出版社出版的《快乐汉语》等是肯尼亚中文教学中主要使用的教材，而这些教材均为通用型中文教材。

其三，从教材的利用率来看，由于缺乏本土化特征，很多教材都无法直接用于海外中文课堂，加上引入门槛、文化政策等因素的影响，国际中文教材的引入受到阻碍，导致海外中文教材更新滞缓。以埃及为例，埃及开罗大学孔子学院采用了《发展汉语》《快乐汉语》等中文教材，这些教材都是用英语做注释的，对于讲阿拉伯语的埃及学生而言缺乏针对性。据艾因·夏姆斯大学的教师反映："学校认为中国开发的中文教材不适合埃及，主要是课程设置、学时、教材的难度、阿拉伯语注释等方面有很大不同。学校组织教师自编讲义，取材于中文教材和网络，每门课讲义在10—20课时之间。"并且，埃及是个信仰宗教的国家，在文化审查方面十分严格，中文教材在大规模进入埃及之前，需要经过埃及安全部门的审核，这样的引进机制需要很长的流程，不利于中文教科书的适时更新，严重影响了埃及中文教育的长期发展。

此外，由于海外教材征订缺乏专业性，没有系统的引入标准，容易导致教材更新速度过慢。以印度尼西亚为例，根据相关规定，教科书的选用主要以课程为依据，但是在实际操作中，大多数教材都是由任课教师自行选择的。在教学过程中，教师倾向于选用他们熟悉或已经使用过的教材，从而造成了教材更新迭代异乎寻常地慢。更重要的是，一些课程经常会出现更换教师的情况，这容易导致教材的使用缺乏连贯性。

（二）本土中文教材数量短缺，种类单一

本土化教材指“从某一国家或地区学习者的特点和需要出发，以满足特定国家或地区学习者的学习需要为目标而设计、编写和制作的某一语言作为外语或第二语言教学的教材”[①]。本土化中文教材往往为某一国量身定做，充分重视学习者母语与目的语的差异并进行比较和注释，有利于学习者在深入理解语言差异的基础上克服母语对目的语的负迁移作用，教材中还包括相当一部分学习者熟悉的本国社会文化内容，有利于提高学习者的学习兴趣，也更易与学习者所处国家和地区的教育体制接轨。整体来看，编制一部高质量的中文教材非一朝一夕之功，而是在长期的教学实践中，基于师生的使用反馈，逐步形成的。在这一过程中，许多共建国家采用翻译的方式引入中国优秀中文教材，作为过渡性的教材，让学生更好地了解中文课本的内容，逐步实现本土编写中文教材的愿景。如意大利为推动中文教育发展，将许多中国出版的中文教材翻译为意大利语，包括《当代中文》《新实用汉语课本》《快乐汉语》《博雅汉语》等。但随着意大利中文教育的普及，中国的某些教学方法以及教材编写理念逐渐出现水土不服的症候。例如，《跟我学汉语》是人教社于 2009 年出版的面向 15—18 岁学生的中文读物，被意大利一些孔子学院用作中文教材，但由于该教材是为以法语为母语的青少年量身定做的，对于意大利学生来说，使用该教材时会面临一些障碍，缺乏实用性。

中外双方已经认识到了本土化中文教材的重要性和必要性，

---

① 吴应辉：《关于国际汉语教学“本土化”与“普适性”教材的理论探讨》，《语言文字应用》2013 年第 3 期。

并针对不同国家地区的学习者开发了一系列的教材和参考书目，覆盖语言、文化和专业技能等多个方面。如针对特定国别、区域的中文学习者的语音、词汇、汉字等习得偏误开发的书籍，针对产业合作、项目实施开发的书籍，也有促进双方文化交流的书籍。但从供需角度来看，共建国家的本土化中文教材仍较为短缺，种类单一。

以俄罗斯为例，虽然针对俄罗斯的本土化中文教材已经较为丰富，但在种类、对象等方面仍显不足。整体来看，俄罗斯出版的本土化中文教材品种较少，内容以口语、语法为主，缺乏专门训练听力、写作的中文教材，且大多数教材是专门为高等教育和成人教育编写，为基础教育、幼儿教育设计的中文教材较少。

再以埃及为例，埃及最常用的本土化中文教材是“艾因·夏姆斯大学语言学院中文系”系列教材。该教材由艾因·夏姆斯大学中文教师发起并编写，该校负责排版打印并出售给学生，并非由正规出版社刊印发售，主要包括文选课、语法教程、语音教程和听力会话教程等。[①] 当前，埃及中文教学已经被正式纳入埃及国民教育体系，但仍没有分别针对初级学者、中高级学者的中文教材，也没有针对中文专业学习者和职业中文学习者的中文教材，教材的本土化、多元化发展水平迫切需要提高。

（三）中外合编教材匮乏，缺乏资源共建共享机制

目前，本土化中文教材有中国编写、本土编写与中外合编三种形式。中外合作编写的本土化中文教材能充分发挥中外作者的

① 邓时忠：《埃及艾因·夏姆斯大学语言学院中文系汉语教学现状及发展策略》，《国外汉语教学动态》2004 年第 3 期。

不同优势，已经成为国际中文教材编写的重要途径。许多国外应用较为广泛的中文教材是中外合编的，例如何碧玉和吴勇毅共同编写的《汉语入门》（以法语作为中介语），白乐桑和张朋朋共同编写的《汉语语言文字启蒙》（以法语作为中介语），以及马西尼和梁冬梅共同编写的《意大利人学汉语》（以意大利语作为中介语）等，这些教材在当地产生了很大的影响。但整体看来，由于缺乏系统性的合作交流机制，中外合作编写的教材数量极少，难以满足中文教材本土化发展的需求，且教材编写和使用由各个教学机构独立完成，缺乏统一的规划和标准，严重影响了中文教育的系统性和可持续性。

“对外汉语是在不同的国家开展的一种语言教育活动，在教材编写过程中，需要根据不同国家和地区的实际情况以及人员的基础进行教材的开发和设计，这在无形中加大了教材编写的工作量。语言教学教材的编写是需要按照一个完整的体系进行的，但是目前我国没有专门针对对外汉语教学而建立的教材编写体系，这不利于教材整体的完整性。”[①] 这也导致在编写教材的过程中，作者的个人主观想法突出，教材内容无法与目标国民众的生活习惯和思维方式相结合，或是由于教材编写者对教科书的基本情况和发展没有充分的认识，致使教材开发选题过于集中，造成了某种程度的资源浪费。同时，各相关机构缺乏沟通交流的平台，导致存在教学闭环割裂、教学资源质量参差不齐等问题，不利于共建国家中文教育的长远发展。

---

① 龙吟：《“一带一路”背景下对外汉语教学与文化传播——以对非洲国家为例》，《当代教育实践与教学研究》2018 年第 4 期。

三、数字化逆境：数字资源建设缺乏针对性，相关管理机制匮乏

"数字资源是指经过数字化处理，可以在计算机或网络上运用的教学资源，包括网络课程、声像资料、电子教案、数字化素材等。""总体看来，国际中文教育数字资源建设无论在数量上还是种类上，都有了很大发展，并形成了一定规模。"[①]但从长远发展的角度来看，仍缺乏针对"一带一路"共建国家的国别化、本土化资源，缺乏统一标准的数字化中文资源建设、投放及管理机制。整体来看，共建国家的中文教学资源数字化建设处在初级阶段，教学资源碎片化、分散化现象较为严重，资源整合及数据管理问题尚未得到解决。

（一）智能设施覆盖面较小，数字化教学资源建设及利用率较低

由于数字资源对网络、设备等软硬件基础设施要求较高，许多共建国家的相关教育机构的设施较为落后，一定程度上阻碍了数字化资源的普及和利用。

以埃及为例，埃及对现代教育技术应用于中文教学的开发建设尚处于起步阶段，常用的教学平台、学习网站和App等均从国外引入，没有针对本土的数字化教学资源。随着共建"一带一路"倡议的实施，中埃双方开始尝试合作创建数字化资源共享平台，如智慧宫文库、that's books多文版数字内容运营平台，埃及的中

---

① 郭晶、吴应辉等：《国际中文教育数字资源建设现状与展望》，《国际汉语教学研究》2021年第4期。

文教育开始向大数据时代靠拢。为推动埃及国际中文教育数字化发展，中国教育部、大使馆在图书馆藏、语音实验室、电脑设备等硬件设施方面给予埃及大力支持，埃及政府也对在线教育持积极态度，政府出资为部分学生配备了平板电脑，数字化中文教学资源的使用比例有所提高。但埃及曾一度由于国内局势不稳、经济发展缓慢、国民收入偏低等原因，导致硬件设备的维修与更新相对缓慢，中文教学所需的语音教室与电子设备数量不足。调查发现，埃及学生多是通过朋友或老师推荐、网络广告等接触到零星分散的数字化教学资源（中文学习软件、电子词典、中文网站等）。然而这类数字化资源的使用体验并不好，比如有些软件充斥着过多的广告，会影响用户的注意力；有些电子词典的语音播放不够自然；学习者缺少教师的指导，只能自己摸索。此外，受课堂环境限制及教师传统教学观念影响，埃及尚未在中文课堂上引进微课、慕课和翻转课堂等新兴高效的教学方式。为此，针对埃及学习者的需求，中埃合作研发符合埃及学生使用习惯，能够为教师的教学、科研、组卷、评卷等提供有效的数据统计和分析的教学应用软件和在线教学平台，是未来埃及数字化中文资源建设的一个重要方向。

再如俄罗斯，相较于本土纸质版中文教材的开发，其数字化教学资源的开发还较少。一方面，俄罗斯本地受过专业师范教育的中文教师数量较少，采用的教学方法主要为语法翻译法，教师对现代教育技术的运用也有很大的欠缺，大多数教师在上课时只使用黑板、粉笔等传统教具以及传统的纸质教材，对数字教学资源的需求很低；另一方面，俄罗斯相关机构尚未搭建可提供电子课件、教学示范课等相关材料的平台，也未能提供完备的网络教学平台、智慧教室等授课平台，数字化资源的转化率和使用率较低，优质教学资源不能得到快速推广，影响了教学内容的更新。

互联网的可用性、可访问性和可靠性也是共建国家推动国际中文教育数字化发展的一大难题。马来西亚的互联网覆盖率达80%，但仍有部分地区无法正常使用网络，学生与教师获取网络教学资源受到空间的限制。在数字教育的实施方面，大学生普及率高于中小学生，但教学效果无法得到保证。而在教学过程中，教师无法及时进行个性化互动教学，无法给学生营造沉浸式教学环境。

（二）数字化中文教学资源投放“贫富不均”，资源浪费严重

“一带一路”共建国家国情、舆情、语情复杂多变，中文需求度不一且始终处于动态变化之中，而资源的投放标准却相对统一，相对于共建国家的不同需求，数字化中文教学资源的投放出现了“贫富不均”现象。这导致中文数字化教学资源投入产出率低、利用不充分、延续性不足，造成资源的浪费。

造成这一现象的主要原因在于对共建国家的中文教育发展概况的实地调研不足，难以依据各国本土差异，构建灵活多元的资源投放机制。受客观条件限制，现有调研侧重于对文献资料的梳理和分析，实地语情调查不足。虽然全球化和数字化发展为信息传递提供了新途径，但借助大数据技术开展的调研成果有限，共建国家的中文教育的数据整合共享尚处于起步阶段，多是形式整合共享、部分整合共享和片面整合共享，普遍存在数据质量差、整合共享范围小、成效不明显、干扰因素多的问题，甚至存在数据整合共享后失真、失准、失效、失稳的严重问题。综上，我们难以对共建国家的国际中文教育发展有一个较为全面的了解，这

使得相关机构在配置资源时缺乏实时、可信的数据和材料支撑，导致资源供应方和需求方存在较大的信息鸿沟，亟须通过与当地居民、专业人士和政府机构的交流，获取第一手研究资料，以市场为导向，实现精准有效的资源配置。例如在非洲，作为共建“一带一路”的重要合作方，肯尼亚等国家面临语言多样性和复杂性的问题。对非洲各国的语言政策进行深入研究，有助于更好地理解非洲多语言地区的人文特点，确立与本土经济发展需求和教育文化背景适配的中文教育资源投放标准，为我国与非洲国家的教育和经贸合作提供更好的语言支持。

（三）数字资源的管理机制不完善，缺乏统筹规划

从宏观层面来看，无论是数字资源的建设及利用率低，还是资源投放缺乏统一标准，都源于“一带一路”共建国家国际中文教育数字化资源建设的管理机制不完善，缺乏统筹规划。从数字资源的规划设计、开发编写、测试优化，到投放应用，各个环节都缺乏统一的管理标准，导致建设主体分散，开发流程不连贯。

从资源建设角度看，资源研发主体各自为政，缺乏统一标准。虽然市场上有大量数字化的国际中文教学资源，然而，由于创作者的水平不一，这些教学资源的质量参差不齐。从资源内容角度看，许多教材存在着内容陈旧、语法错误等问题。从网络课程角度看，现有的网络课程分布在不同的学习平台，且还在不停更新或增添新内容，可供选择的课程太多，但其质量未经考量，不利于学习者系统地学习中文。这种缺乏统一、规范的数字化中文资源建设，不仅影响国际中文教学的规范化和有效性，也难以满足教学实践的需求，长此以往可能会影响国际中文教育的发展和普及。

在全球数字融合的大背景下，数字资源已成为重要信息资源，我们既要让数字资源成为教学中美妙的音符，更要关注数字资源的管理。整体来看，“一带一路”共建国家的国际中文教学数字资源建设缺乏动态、安全的数据信息维护制度，数字资源管理水平亟待提升。在教学资源数字化的过程中，中国可以与共建国家通过建立合作机制，共建共享中文教学资源，利用现代信息技术将相关教学资源融合，实现资源利用的最大化。但在这过程中，可能出现由技术疏漏、外部攻击、人为失误等原因导致的数据泄露，这些数据中有学习者的个人信息，这使得许多人对教育数据和个人隐私的安全感到担忧，如何建设高效稳定、应用便捷、管理规范的数据共享服务平台是数字资源可持续发展的重要一环。

第四节　认知壁垒：棘手的语言文化差异

语言扎根于文化的沃土之中，并以其特有的方式反映文化。从宏观上看，各民族的语言所承载的人类文化具有共通性，这也是“一带一路”共建国家民心相通的基础。但从微观上看，不同民族具有各自独特的语言和文化，中国与共建国家的语言和文化差异明显，这使得共建国家的中文学习者很难掌握中文，在学习过程中产生负迁移现象，阻碍学习者语言能力和跨文化交际能力的提升。

语言学习不是一个静态孤立的过程，它与学习者对文化的了解与深入体验交织在一起。语言是文化的载体，中文映射出博大精深的中华文化。如果在中文和中华文化的传播过程中，缺乏第二语言出众、跨文化交际能力强的人才，极有可能因为各民族、各地域间文化、宗教信仰不同引发冲突，影响我国良好国际关系的维护。

一、偏误阻碍：纷繁复杂的语言国情

语言习得是一个复杂的过程。无论是母语习得者还是二语习得者，无论是儿童还是成人，在语言习得过程中都会发生偏误。科德（S. P. Corder）认为，由于学习者对语言规则的理解不够透彻，不能将其完全掌握和内化，因而产生了偏误。“一带一路”共建国家的语言类型繁多且特点鲜明，这使得许多学习者受母语负迁移、目的语知识负迁移、文化和习惯方面的负迁移以及学习环境等多方面因素影响而产生习得偏误，严重阻碍其习得过程。基于此，本节将立足共建国家的中文教育现状，从多语环境造成的认知负担、华文教育的规范问题以及共建国家中文学习者常见偏误三方面分析语言学习中的偏误阻碍。

（一）复杂多语环境的认知负担

“据初步统计，‘一带一路’沿线的 64 个国家使用的语言约 2488 种，占人类语言总数的 1/3 以上。境内语言在 100 种以上的国家就有 8 个。”[①] 除官方语言外，各国具体语言使用情况复杂，有些国家的通用语言和官方语言并不是同一种语言，各国还存在多种少数民族语言。此外，阿拉伯语、波斯语、法语等传统强势外语在部分共建国家也占据重要地位。因此，共建国家的语言学习者压力较大，除母语外，可能还需要掌握官方语言、民族语言和

① 梁琳琳、杨亦鸣：《充分掌握沿线国家语言国情》，《中国社会科学报》2017 年 2 月 17 日第 5 版。

重要外语，而且这些语言常属不同语系，学习难度较大。在现有语言教学框架下，语言学习者能够分配给中文的时间和精力不会太多，很难长时间、系统地学习。并且，学习者已经掌握的多种语言也可能在学习中文的过程中导致负迁移现象，加重其认知负担，影响其中文学习的进程。

巴基斯坦是一个多民族、多语言的国家，其国语是乌尔都语，官方语言是英语和乌尔都语，还有不同的民族语言，语言使用多样化。官方语言和民族语言是国家和民族文化的载体，蕴含着学习者对于母语的认同和亲近态度，学习者在学习中文过程中容易产生“情感过滤效应”，对中文习得产生负面影响。在外语学习方面，出于历史的必然性与特殊性，巴基斯坦中产及以上阶级侧重于英语教育。因此，通常情况下，巴基斯坦人需要掌握两至三门语言，学习压力较大，加之跨语言带来的负面迁移，中文学习者的认知负担较重。

肯尼亚同样是一个多民族、多语言的国家，官方语言是英语和斯瓦希里语，除此之外还有 42 种部落语言。由于肯尼亚本土语言多样，官方语言使用任何一种部落语都会打破民族平衡，易引起部落冲突等严重后果，故而英语以其中立性作为官方语言具有不可撼动的地位。而中文在当地的影响力和使用广泛性远远不如斯瓦希里语和英语，缺少语言竞争力。

肯尼亚曾受殖民统治，国内较早就有外语学校，以“法语联盟”“歌德学院”和“塞万提斯学院”为代表。这些语言培训机构成立的时间早、历史悠久，现已拥有独立的教学大楼，具备成熟的经营模式，本土化程度较高。而中文教育起步较晚且基础薄弱，仍处于初级阶段，复杂的外来语言生态对中文教育的发展造成了压力。

同时，中文教育在教学实践和理论研究方面尚不够完善，易受到其他语言的影响。中文教师在发现学习者偏误时难以系统地进行分析和纠正，缺乏具有本土特色的中文教学计划，这使得中文教育在多语竞争的环境中处于劣势。因此，中文教育应该重视多语环境中跨语言影响、学习认知负担等问题，以一种更为宽广的跨国界、跨文化意识积极融入对象国并有所作为。

（二）传统华文教育的规范问题

在语言文化教学领域，国际中文教育和华文教育是当今世界最具活力和影响力的两个学科。学者们通常从教学对象、教学目的、教学环境等角度将国际中文教育和华文教育相区别。共建“一带一路”倡议为海外华文教育提供了发展机遇，全球范围内的“华文热”“中文热”不断升温，学界普遍认同海外华文教育是国际中文教育的重要组成部分。因此，华文教育、国际中文教育发展的一个必然趋势就是走向“大华语”。[①]

随着我国经济实力与国际影响力的增强，大力发展华文教育已成为全球海外华人社会的一个最基本、最迫切的需求。立足“大华语”背景可以发现，在许多华文教育发展较好的地方，如马来西亚、印度尼西亚等东南亚国家，受历史和现实等多方面因素影响，当地的华文教育在语音、词汇、语法和字形方面与规范的中文教育是有差异的。华文的使用历史悠久、人口众多且区域广阔，地域变体和区域变体随之产生，从而导致了这些差异的产生。就

① 贾益民：《新时代世界华文教育发展大趋势》，《世界华文教学》第 6 辑，社会科学文献出版社 2019 年版，第 20 页。

语言的通用性和开放性而言，长期学习这些不规范的变体，学习者的语言水平难以得到有效提升，可能会干扰或阻碍交流的顺利进行，使得语言的交际功能难以充分发挥。

推广"大华语"教育战略，需要考虑语言的规范和标准问题。许多国家的华语有自己的特色，如印度尼西亚的华文。朱湘燕、黄舒萍等学者通过对印尼苏北棉兰地区华语的词形、词义、用法与现代汉语词汇的对比研究，发现苏北棉兰华语词汇与现代汉语中的普通话、方言词汇之间存在着较为复杂的关系。[①] 整体可以分为三类对应关系：

第一，普通话和棉兰华语都有，但形态和意义存在差异的词汇。如"洗盘"在棉兰华语中表示洗钱，在普通话中表示"股票里的一种炒作手法"。

第二，普通话里没有，方言里存在和棉兰华语相同的词汇。由于棉兰华族多是中国南方沿海诸省的移民及后代，语言上受到方言的影响。如"外公""外婆"说成"公公""婆婆"则是受粤方言的影响。

第三，普通话和方言里都没有的棉兰华语词汇。这类词汇主要反映了印尼特有的社会文化现象，包括饮食、节日、事物等方面的词汇。如峇拉煎（Belacan，一种做菜的料）、巴迪（Batik，印尼蜡染布）。

这些差异的存在既不利于学习者的语言习得，也影响全球中文教育的健康发展，阻碍了华文教育和国际中文教育的协同发展。

① 朱湘燕、黄舒萍：《印尼苏北华语口语词汇与现代汉语词汇差异调查》，《华文教学与研究》2013 年第 1 期。

（三）共建国家学习者常见偏误

偏误是二语习得中必然存在的现象，通常情况下，语言习得中产生的偏误是成系统的、有规律可循的，当事人一般不能意识到并及时自我改正，而偏误往往会影响教学进度，使学习者难以取得成效，严重的偏误可能会导致化石化现象，阻碍学习者中文水平的进一步提升。长远来看，则会使学习者丧失信心和热情，放弃学习中文。

共建国家的语言生态复杂，不同的母语及母语文化背景会对第二语言习得过程产生不同的影响，偏误研究应走向深入，展开国别、区域化研究，分析学习者在词汇、语法、汉字、语用等方面产生的偏误，探求偏误来源，揭示学习者的中介语体系，并制定相应的教学策略予以改进。

以俄罗斯为例，学习者的偏误主要体现在语义和语用方面。在语义方面，“俄语中有很多概念意义与中文不完全对等的情况。如，在称呼语和称谓语中，брат= 哥哥、弟弟，сестра= 姐姐、妹妹，дедушка= 爷爷、外公，бабушка= 奶奶、外婆，внук= 孙子、外孙，дядя= 伯父、叔父、舅舅、姨父、姑父，тётя= 婶婶、伯母、叔母、舅母、姑姑、姨妈”。“在禁忌语和委婉语中，汉语的‘死亡’在俄语中是‘в землю（回归大地）、отправиться на тот свет（去另个世界）’；汉语的‘怀孕’在俄语中‘ждать ребенка（等孩子）、в счастливом положении（处于幸福状态）’等”。在语用方面，“汉俄地域、文化、历史发展等都有独特的一面，语言的表达和使用上自然存在很大差异。如，称呼语和称谓语的使用中，在汉文化语言交际中，晚辈是不可以直呼长辈或上司的姓名，只能用具体的称谓词来称呼长辈或上司，如，爷爷、奶奶、经理等；在汉文化中老师是一种职业，可以直接作为称谓词称呼，且非常普遍。在俄文化中 преподаватель（老师）却是不可以用作称呼语；俄文化语言交际中，晚辈是可以直接称呼长辈或上司的姓名，也可用称谓词称呼，如，Андрей Леонов、Катя Старшова 等"。[①]

对于阿拉伯国家来讲，中文学习较为困难，容易在语音、汉字、词汇、语法等方面产生偏误。在语音层面，埃及学习者经常因发音不规范而导致汉字书写偏误，偏误形式和其对应的正确形式之间有的在音节结构（声母、韵母、声调）上相似，例如把"印象"错写成"影响"；有的在音节和字形两方面都相似，例如把"考试"错写成"考式"。这体现出埃及学生"语先于文"的特征。他们虽然对词语的发音有一定的了解，但因为发音不规范，而且缺乏文字形式的巩固，只能采用同音词或同音语素来替代。在词汇方面，可能会出现词汇搭配错误、已学词汇对新词产生干扰、词性误用等偏误。如通过"一条河"类推出"一条湖"这样的错误搭配。再如，将意思相近的词语糅合在一起造成的误用：

（1）因此学外语言是最好的办法。（"语言"和"外语"糅合在了一起）

（2）我来中国留学习一年。（"学习"和"留学"糅合在了一起）

（3）从那天起我下了决定，天天多说多听中文。（"下了决心"和"做了决定"杂糅在了一起）

---

① 舒海燕：《"一带一路"背景下汉语言文化在俄罗斯的传播研究》，西安建筑科技大学 2019 年硕士学位论文。

再如，不清楚词性造成的误用：

（4）那边真好，经济很发展。（动词误用为形容词，应为“发达”）

（5）我觉得最兴趣的事情就是认识到别人民的文化并别国家的历史。（“兴趣”是名词，不能直接用程度副词修饰）

在语法方面，埃及中文学习者常出现语序方面的偏误，尤以与定中结构相关的语序偏误最为常见。学习者经常按照阿拉伯语的语言规则将修饰成分放在被修饰成分之后，从而出现将名词作定语的语法偏误。

由于不同母语学习者在文化背景、思维模式等方面存在着较大的差别，以及某些母语词汇与中文词汇在概念、内涵以及搭配方式上存在着较大的差别，如果我们一味地照搬中文的思维模式和规则，势必会导致语言的负迁移，从而对语言学习产生不利影响。这也提醒我们，面对共建国家的多语言、多文化特征，我们应该积极调整中文国际教育政策和规划，关注习得偏误的国别化、区域化研究，减少中文教学过程中的偏误和障碍。

二、认知偏差：多元复杂的文化图景

语言是文化的载体，一个民族的语言可以充分地体现出这个民族的文化和历史。在学习第二语言的时候，不仅要学习目的语的词汇、语法等语言微观层面的知识，还要学习目的语背后所反映的文化和交际习惯、历史传统等。“一带一路”共建国家的政治、经济、人口、信仰、文化等与中国差异较大，这些差异可能会引发文化层面的冲突，对共建国家民众的认知、期望与合作意愿产生不同程度的影响，甚至会深层次地渗透和影响共建国家的外交政策。因而，需要充分了解并尊重共建国家的社会制度、发展道路、传统习俗、生活方式和思维方式，通过语言互通减少文化差异引起的认知偏差，更好地做到民心相通、人文交流和文明互鉴。然而，由于当前针对“一带一路”共建国家的国别化、区域化研究基础薄弱，中文教育的精准服务能力较差，加之国际传播体系不够完善，国际中文教育事业的健康发展还存在一些问题。

（一）文化差异显著易引认知偏差

英国语言学家拜拉姆（Michael Byram）指出，学习一种语言的同时也在学习一种文化。人们对外部世界的理解受文化认知的影响，各个民族和国家都有着自己特有的社会风俗和文化传统，而且在发展的过程中，产生了各自的民族性格、思维方式和价值取向等。这些方面的差异会对人们产生影响，不同的人对于相同的外部刺激会有不同的认知感受，这就是认知偏差。它在一定程度上会影响跨文化交流的顺利进行。在不同的文化背景下，人们的认知偏差是不可磨灭的。因此，在中国语言文化的传播过程中，我们应该重视这类认知偏差。

以巴基斯坦为例，由于宗教信仰、文化价值、世俗观点的差异，中文和中华文化在巴基斯坦传播面临的挑战和风险比较大。如巴基斯坦的种姓传统可能会影响到中文教育，甚至引发课堂冲突，影响正常授课秩序。以如何称呼巴基斯坦学生为例，受种姓传统的影响，名字在巴基斯坦具有彰显身份的作用，巴基斯坦学生名字通常由 2 到 4 个阿拉伯、土耳其、波斯或土著单词组成，中文教师若不了解学生名字的构成以及称呼礼仪，随意称呼学生名字，容易引发学生的不满。一般来说，不能单独称呼学生的宗教名字，但可单独称呼学生的个人名字。

再如俄罗斯，俄罗斯地跨欧亚两大陆，地理位置相对开阔，与外界交往紧密，其文化受多边文化的影响和渗透，逐渐形成了以西方文化为主流的嫁接文化和边缘文化形态。而中国作为四大文明古国之一，其文化由本土文化与其后的西域文化以及周边少量文化结合而成，属于典型的东方文化。再如俄罗斯人的思维模式是建立在资本主义私有制基础上“以人为本”的西方思维模式，同时，俄罗斯人深受十月革命的影响，更注重个人主义的传承和发展。与之大相径庭的是，中国文化注重“人伦”观念，崇尚儒家的仁义思想，提倡和谐友爱，以集体为先，而不是突出个人与个性。这些差异导致中文及中华文化在俄罗斯的传播受到了一定的阻碍。

再如意大利，在观念习俗方面，大多数中国人说话委婉、含蓄，会更多地考虑听者的感受，不喜欢把自己的需求直接表达出来，属于“高语境”，但意大利人性格活泼，语言表达上更为直接，属于“低语境”，这也会导致文化冲突。在面对他人的夸赞时，中国人常回复“哪里哪里”来表示谦逊，这种举动常会让意大利人感到莫名其妙。因为意大利人通常会欣然接受别人的夸奖，并回复“谢谢”来感谢对方的赞扬。此外，意大利民族拥有着古罗马、古希腊时期值得炫耀的灿烂文化和历史，每一个国民都为自己国家的文化而感到自豪。这种民族自豪感使得他们常常居高临下地审视他民族文化，在学习中文时，他们会以本民族文化作为参照去了解或评判中国文化。这可能导致意大利的中文学习者无法正视文化差异，甚至会对有差异的部分产生文化偏见，从而严重影响双方的跨文化交流。

（二）交流方式欠妥误筑文化障壁

在经济全球化的大背景下，国际交往越来越频繁，中国外交也逐步走向全方位化、全领域化和外向化。在此背景下，以国际中文教育为依托的语言文化传播成为展示真实、立体、全面的中国的重要路径。然而，我国的国际中文传播体系存在着缺陷，主要包括以下三部分：

其一，大部分"一带一路"共建国家的中文教育发展主要由官方主导，非政府组织、企业和民间的参与相对较少。整体来看，官方主导的语言文化传播具有一定的强制性，一定程度上可以起到较为积极的推动作用，能帮助中华文化较为顺利地进入当地社会并与民众接触。但官方主导的传播模式是自上而下的，易与实际需求脱节。过于强制的推行策略可能会引发受众的负面情绪，影响文化的传播进程。如孔子学院建立之初，被定义为中外合作建立的非营利性教育机构，旨在充分运用"孔子"的文化品牌效应，搭建中国语言文化与世界的桥梁。其提供的服务包括开展中文教学、培训中文教师、提供中文教学资源、开展中文考试和提供中文教师资格认证、开展中文及中华文化交流活动等。自 2006 年起，孔子学院以迅猛的发展势头在全球遍地开花。然而，在孔子学院的品牌逐渐迈入全球化时，国际社会中出现了一些不和谐的声音。2012 年，美国国务院要求孔子学院中方教师离境；2013 年，法国里昂大学停止与中山大学的合作；2014 年，美国芝加哥大学和宾夕法尼亚州立大学停止与孔子学院合作；2015 年，瑞典斯德哥尔摩大学关闭孔子学院……[①] 西方社会普遍以西方的意识形态来看待孔子学院，认为孔子学院不单是语言教学机构，在很大程度上代表了中国政府的政治利益，是中国文化入侵的武器。为避免意识形态问题堆砌的文化壁垒阻碍孔子学院的长远发展，2020 年 6 月，教育部将孔子学院总部更名为教育部中外语言交流合作中心，作为中文教育事业的专业公益教育机构。而孔子学院品牌由中国国际中文教育基金会全面负责运行。

其二，“一带一路”共建国家、地区由于文化政策的限制及硬件设施的影响，新兴的教学手段和教学模式难以及时引进，极大影响了中文及中华文化传播的效率。如上文提及的埃及严苛的文化审查制度，无形中为跨文化交流建筑了一道厚障壁。语言文化接触是实现跨文化认同的第一步，如果不能有效地调用当前的传播渠道，优化传播途径和传播方式，就会极大地影响“一带一路”共建国家民众接触中文和了解中华文化，阻碍彼此间的交流沟通进程。

其三，中文教师容易先入为主，教授大量自认为重要的文化内容，但这些内容并不契合受众的实际需要，难以引起受众的兴趣和关注。许多共建国家的民众学习中文和了解中华文化的最初目的是获得经济利益、改善现有生活水平，因此对于实用性的内容关注度更高。传统的中文课堂重视传播独具特色的中国元素，如中国画、中国民乐器、大熊猫、中国功夫、剪纸、戏曲、中餐、中医药等，使大多数接触者对中华文化的了解停留于基础阶段，

① 安然等：《孔子学院跨文化传播影响力研究》，中国社会科学出版社 2017 年版，第 4 页。

较少进行深入探索。在"一带一路"共建国家的多元文化环境中，如果学习者对于某种文化的认同流于表面，且学习的内容不能引起他们的兴趣，那么他们在衡量不同文化时，容易简单判定该文化不值得自己踏出原有的文化圈，导致对该文化的学习仅有"三分钟热度"，难以长久持续下去。

总体来看，共建"一带一路"倡议为全球互联互通提供了平台，也让世界各国的文化价值观发生了碰撞与交流，但由此而产生的文化风险可能制约全球化发展以及人类命运共同体构建。加之在世界百年未有之大变局背景下，逆全球化、单边主义、种族主义和非合作等文化思想持续出现，更是增加了诸多不确定的风险。因此，学界应对加强和改善国际传播工作的重要性和必要性有更深入的理解，加大力度提升国际中文传播能力，构建与我国的综合国力和国际地位相当的国际话语权，为国家的改革和发展创造良好的外部舆论环境。

第五章　向外探究："一带一路"共建国家中文教育的外部条件分析

除上一章谈到的内部条件外，"一带一路"共建国家的中文教育还受到国际关系与世界局势等外部条件的影响。深入考察与分析这些外部条件有助于我们更好地把握机遇、应对挑战，推动新形势下国际中文教育快速高效地发展。

第一节　共建"一带一路"倡议为中外交流与合作持续助力

一、交流平台的搭建与完善：多层次、多领域、多轨道发展

为深入推进各领域的交流与合作，中国与"一带一路"共建国家搭建了一系列中外交流平台。这些平台搭建的主体多元、领域广泛、渠道多样，有助于"一带一路"共建国家从各个领域感知与了解中国，加深与中国的合作，为国际中文教育的发展奠定

了坚实而广泛的社会基础。

（一）平台搭建的主体多元化

除政府相关职能部门和政府间国际组织外，中国与“一带一路”共建国家的交流平台还由跨国企业、非政府组织、政党、宗教组织、个人等多元主体搭建，中外交流呈多层次发展趋势。这既符合不同国家与地区不同主体文化交流的差异化需求，也是中外文化交流贯彻求同存异、兼容并蓄外交精神的重要体现，并取得了一定的成就。当前，由政府职能部门以及政府间国际组织牵头与主办的丝绸之路国际博览会、“一带一路”国际合作高峰论坛、中国—东盟教育交流周、丝绸之路国际电影节等平台朝着国际化、专业化、高端化的方向发展，成为推进中外文化交流的重要窗口和推进共建“一带一路”高质量发展的重要支撑。与此同时，由非政府组织搭建、举办的孔子学院、“汉语桥”世界大学生中文比赛、“一带一路”国际合作青年故事会、“一带一路”媒体合作论坛、丝绸之路国际图书馆联盟也在教育、媒体、图书等领域为中外文明的共融发展提供途径、贡献智慧，推动中外在重点领域的交流与合作走深走实。除此之外，在移动互联网技术飞速发展的全媒体时代，个人网络社交账号也成为中外文化交流的重要平台。李子柒视频中的中国田园生活、滇西小哥视频中的中国传统美食、阿木爷爷视频中的中国传统手艺早已通过个人社交账号火遍海外，形成舆论热点和刷屏效应。这些视频以普通人自耕自种、自养自产、自编自做的方式向世界各地的人们传递中国普通乡村日常生活中的人情气息和互动温情，以富有特色的文化符号吸引了广大海外网民的关注，成为推动中外民间交流行稳致远的重要渠道。

（二）平台交流的领域广泛化

中外人文交流实践不仅内容丰富，而且涉及领域十分广泛。中巴经济走廊是“一带一路”的先行试点工程，也是“一带一路”项目中的模范工程，在中巴全方位、多领域的交流与合作中发挥了重要作用。当前，中巴经济走廊已在能源、港口、公路、铁路、机场、经济园区、农业、通信、卫生等方面建成各类项目，在推进中巴经贸、交通、能源、医疗等各领域交流与合作中的意义重大。巴基斯坦总理夏巴兹·谢里夫在2022年6月21日的专访中表示，中巴两国拥有“铁杆”情谊，并“期待巴基斯坦与中国的友谊与合作更上一层楼”①，未来，中巴交流与合作领域将不断扩大。在中俄人文合作委员会媒体合作分委会第十五次会议中，中俄双方签署的会议纪要及《中俄人文合作委员会媒体合作分委会2022—2023年度工作计划》，“确定将共同实施中俄青年歌会、中俄头条、网络媒体论坛、主题摄影展等40余个重点合作项目”②，涉及音乐、传媒、摄影等多个领域。此外，中俄双方连续互办的国家年、语言年、旅游年、青年友好交流年等主题年涵盖了政治、经贸、文化、教育、科技、艺术、传媒、旅游、体育、医学等各大领域，且仍在不断扩大与深化，两国各领域的交流与合作成果丰硕，不仅推动了两国相关产业的发展，也推进了两国合作伙伴关系的深化，促进了两国人民对彼此文化的全方位了解。

---

① 《专访：期待巴中友谊与合作更上一层楼——访巴基斯坦总理夏巴兹·谢里夫》，中国一带一路网，https://www.yidaiyilu.gov.cn/xwzx/hwxw/255063.htm，2022年6月22日。

② 《中俄人文合作委员会媒体合作分委会第十五次会议以视频连线方式成功举办》，中国一带一路网，https://www.yidaiyilu.gov.cn/xwzx/hwxw/264483.htm，2022年7月28日。

（三）平台交流的渠道多样化

当前，政府、学界、商界等通过赛事、语言课堂、文化活动、企业活动、电视栏目、学术研讨、文明展会、基础设施（铁路）、医疗项目等各种渠道展开了不同程度的文化交流活动，为“一带一路”共建国家人民学习和了解中文和中华文化提供了多样的途径。以 2022 年为例，印度尼西亚“汉语桥”俱乐部以线上线下相结合的形式举办“喜迎中秋体验活动”，通过月饼制作、剪纸学习、古筝欣赏等活动促进学员们对中国传统节日的了解，加深学员们对中国传统文化和学习中文的兴趣；巴基斯坦旁遮普大学孔子学院通过举办“联合国中文日”活动鼓励中小学生以表演形式展示中文和中华文化学习成果，鼓励当地中小学生们学好中文、理解中华文化；中意两国政府、智库、高校及媒体等各界人士通过“变化世界中的中意合作”研讨会展开交流对话，总结了中意两国各领域的交流合作成果，巩固了两国互利共赢的务实合作关系；2022 年 6 月 17 日，俄罗斯主流电视台“红线”开播“今日中国”栏目，通过中国电视剧和中国纪录片为俄罗斯民众打开了解中国悠久历史和灿烂文化的窗口。

当前，政府、企业、高校、民间非营利组织、个人等多元主体通过国际援助、合作论坛、企业项目、传媒活动、语言教学、文化展会等多种交流渠道搭建的多领域中外互助与协作平台，使中国与“一带一路”共建国家的交流与合作呈现多层次、多领域和多轨道的特征。通过这些平台，不同社会主体能够结合自身特点，在各个领域最大化地发挥自身的交流与合作优势，展开全方位、多维度、深层次的中外合作与交流，为国际中文教育在“一带一路”共建国家的实施和发展奠定广泛、深厚的社会基础。

二、合作机制的构建与巩固：“五通”为中外交流保驾护航

（一）政策沟通为中外交流提供根本保障

加强政策沟通是共建“一带一路”的重要保障。加强政策沟通能够加强政府间合作，构建多层次政府间宏观政策沟通交流机制，深化利益融合，促进政治互信，达成合作新共识，进而从外部环境层面为国际中文教育在“一带一路”共建国家的发展保驾护航。共建“一带一路”倡议自2013年提出以来，共建国家和区域性国际组织按照自身需求与中国政府加强了政策沟通，为中外交流的有效推进提供了良好的基础。

中国有共建“一带一路”倡议，“一带一路”共建国家也有相似的构想，如印尼的“全球海洋支点”战略、俄罗斯的欧亚经济联盟战略、蒙古的“草原之路”发展等等。2016年，中、俄、蒙实现了共建“一带一路”倡议、欧亚经济联盟战略和“草原之路”战略的合作，《建设中蒙俄经济走廊规划纲要》于塔什干协商签订，旨在加深三国在贸易、产能、基建、人文、生态等方面的合作。2018年，中印尼两国签署了《“一带一路”和“全球海洋支点”建设谅解备忘录》（2022年7月续签），拓展和深化了两国在贸易、投资、基建、产能、金融等一系列重要领域的合作。此外，中国还将共建“一带一路”倡议与巴基斯坦“愿景2030”对接，共同打造两国互联互通、共同发展的“中巴经济走廊”，进一步密切和强化中巴全天候战略合作伙伴关系。除同“一带一路”共建国家进行战略对接、签署合作规划和纲要外，中国还积极同区域性国际组织进行战略对接，扩大合作范围。2020年12月底，中国将共建“一带一路”倡议与非盟的《2063年议程》对接，同非盟签

署了《中华人民共和国政府与非洲联盟关于共同推进“一带一路”建设的合作规划》，明确了中国同非盟的合作内容及重点项目，为中国同非洲国家各领域的合作创造了新的机遇，也为国际中文教育在非洲国家的发展提供了有力的政策支持。

（二）设施联通为中外交流开拓空间

设施联通是指与合作国家进行相关设备及技术的共享联结。共建“一带一路”倡议提出以来，中国与共建国家在交通、能源等领域达成了许多合作协议，展开了一系列卓有成效的合作，国际互联互通水平大幅提升，为共建国家的国际中文教育创造了广阔的发展空间。

在铁路运输方面，中欧班列自 2011 年开通以来，已成为“一带一路”共建国家互联互通的重要纽带；在非洲，肯尼亚蒙巴萨—内罗毕标轨铁路（蒙内铁路）激活了东非国家的交通与商业版图，成为中国与非洲国家友好往来的新标志，截至 2022 年 6 月底，累计发送旅客 794.5 万人次，发送集装箱 181.7 万标箱，发送货物 2029.3 万吨[①]。在国际航空方面，我国与东盟首次签订了区域性航空运输协定，并与印度尼西亚、马来西亚、俄罗斯、埃及等国家扩大了航权安排。2022 年 5 月，我国印发了《“十四五”时期推进“空中丝绸之路”建设高质量发展实施方案》，明确了民航参与建设的系列路径、核心策略和扶持方案，为确保“一带一路”共建国家的互联互通做出了重要贡献。这些基础设施的互联互通不仅带来了要素和商品的“硬联通”，也带动了标准、规则的“软联通”，

---

① 《图解：晒晒蒙内铁路运营 5 周年成绩单》，中国一带一路网，https://www.yidaiyilu.gov.cn/xwzx/hwxw/266776.htm，2022 年 8 月 6 日。

还促进了各国文明互鉴、同舟共济的"心联通"，在"一带一路"共建国家中发挥了"改善经济条件—优化游戏规则—加强民心交流"的"三联通"职能，为国际中文教育在"一带一路"共建国家的推广创造了重要的联通条件。

（三）贸易畅通为中外交流注入鲜活动力

贸易畅通通过消除和投资贸易壁垒，加快投资便利化，构建良好的营商环境，激发各国间的合作潜力，进一步激发设施联通和资金融通的需求，并为民心相通奠定物质基础。在共建"一带一路"倡议推进期间，我国与共建国家进行了许多商业合作，采取了一系列贸易便利化措施。中外贸易规模不断扩大，大量贸易合作文件被签订，为国际中文教育的发展注入了鲜活动力。

据国家发改委数据，"截至 2022 年 8 月，多达 149 个国家、32 个国际组织完成和中国的对接，'一带一路'相关合作文件签订量已经达 200 多份"[①]，与我国建立经贸合作关系的"一带一路"共建国家数量不断增加。尽管面临来自国内外的双重挑战，我国双向投资仍稳居世界前列。"2017 年以来，我国吸引外资连续四年位居世界第二。对外投资流量稳居全球前三位"[②]，我国与共建国家之间的商业合作持续进行并有序推进，商贸往来业绩和质量达到新高。在这期间，我国还在市场准入、法治保障和对接高标准国际经贸规则方面采取了一系列措施，推进中国与"一带一路"共

---

① 《外贸外资量质齐升　高水平对外开放迈上新台阶》，中国一带一路网，https://www.yidaiyilu.gov.cn/xwzx/gnxw/271221.htm，2022 年 8 月 26 日。

② 《外贸外资量质齐升　高水平对外开放迈上新台阶》，中国一带一路网，https://www.yidaiyilu.gov.cn/xwzx/gnxw/271221.htm，2022 年 8 月 26 日。

建国家的经贸合作朝着高水平发展，中外互利共赢关系不断走深走实。随着我国与相关国家合作领域的逐步扩宽和行业往来日益频繁，“一带一路”共建国家人民对了解中国和学习中文的需求与日俱增，贸易合作逐渐成为推动国际中文教育在共建国家持续发展的重要动力。

（四）资金融通为中外交流提供重要支撑

资金融通通过深化金融合作，构建便利的双边投资与贸易环境，为商业往来与投资提供充足的经济支持。共建“一带一路”倡议推进过程中，中国在贸易往来方面，与共建国家签署了大量协议，共建了许多投资平台和基金项目，开展了一系列金融合作，从资金层面为中外交流提供了重要支撑。

当前，中国财政部与亚洲开发银行、亚洲基础设施投资银行、欧洲复兴开发银行、欧洲投资银行、新开发银行、世界银行集团等 6 家多边开发机构签署了关于加强在共建“一带一路”倡议下相关领域合作的谅解备忘录。中国还先后成立了亚洲基础设施投资银行、丝绸之路国际银行，设立了丝绸之路专项基金以及“丝绸之路经济带”建设中基础设施、产能合作、金融合作的专项贷款等[①]，解决了共建“一带一路”过程中资金缺乏的难题，确保各项环节顺利进行。丝路基金分别与上合组织银联体、印尼投资局、俄罗斯西布尔公司、哈萨克斯坦阿斯塔纳国际金融中心等签署了备忘录、投资框架协议、合作促进协议及合作伙伴备忘录，推进了多元化投资，加强了双边重点领域的合作，开发了更多的投资

---

① 李兴：《丝绸之路经济带：“五通”进程与未来展望》，《贵州省党校学报》2017 年第 5 期。

合作机会，进一步促进了双边的经贸关系发展。

（五）民心相通为中外交流稳固社会基础

民心相通主要通过开展各种活动实现，包括相关学术研讨会、志愿服务、国际支援、文旅合作、科技引进、文化项目等。这些活动增强了中外友好往来，释放了合作善意，增进了民众间的深入了解，促进了中国与周边国家的文明互鉴，为国际中文教育在共建国家的开展奠定了深厚的人文基础和社会根基。

在旅游合作方面，中国政府不仅同印尼、泰国、波兰、乌兹别克斯坦等"一带一路"共建国家签署了旅游合作协议，还建立了中国—东盟、中国—中东欧、中俄蒙等一系列双边、多边旅游合作机制，极大地便利了中国公民赴外旅游。此外，中国还通过与共建国家开办文化年、语言年、青年年、文明展、艺术展、艺术节、语言文化赛事等，促进中国民众与共建国家民众对彼此悠久历史和灿烂文化的了解。2022 年，世界"汉语桥"中文比赛、"中文 + 职业技能"大赛、联合国中文日、国际电影展、中国节等文化交流活动便纷纷在"一带一路"共建国家开展。作为全球第二大经济体，中国具有深厚的实力并积极主动地在基础设施、医疗、卫生、教育等方面向共建国家提供援助。如 2022 年 6 月，中方向巴基斯坦提供物资、救灾款项等救助洪涝受灾民众，协同巴基斯坦战胜洪灾，助力巴基斯坦恢复正常生产生活。

第二节 “中文 + 职业技能”成为中外交流合作新载体

一、时代使命:“中文 + 职业技能”助推“一带一路”走深走实

(一) 为“一带一路”建设“五通”铺路

近年来，中国就“五通”同共建国家展开了广泛合作，“中文 + 职业技能”教育也围绕“五通”全面开展，不断助推中国同共建国家的重点合作走深走实。

政策沟通使各国对既懂中文又通晓公务的复合型人才的需求激增，由此推动了涵盖外交、新闻、警务、移民等“中文 + 公务”教育的快速发展。2022 年 4 月 9 日，第 23 期“驻华外交使节中文学习班”在中文联盟网络直播平台开班，为来自美国、厄瓜多尔、匈牙利、阿联酋、菲律宾、南非等 48 个国家的驻华使节提供中文教学，在中外交流便利互惠方面发挥了重要的作用。截至 2022 年 4 月 12 日，驻华外交使节中文学习班已连续开办 12 年，共有来自 150 余个国家驻华使馆和国际组织的 2500 多名外交使节参加学习，受到各国使节的一致欢迎。①

与共建国家的设施联通，急需公路、铁路、港口、航空、能源运输等方面的“中文 +”复合型人才的助力。为满足中巴经济走廊对焊接技术人才的需求，费萨拉巴德农业大学孔子学院携手中资企业举办“汉语 + 焊接技术”培训项目，培养了一批通晓中文

① 《第 23 期驻华外交使节中文学习班开班，140 余名学员踊跃报名》，中外语言交流合作中心，http://www.chinese.cn/page/#/pcpage/article?id=1033，2022 年 4 月 12 日。

和焊接技术的复合型人才。2022 年第一期的 21 名学员已完成培训并顺利上岗[①]，为中巴经济走廊的建设做出了重要贡献。

在贸易畅通方面，围绕对外投资、产业合作、税务磋商等业务，各国急需"中文 +"商贸领域的复合型人才。当前，印尼、俄罗斯、意大利、埃及等"一带一路"共建国家顺应贸易畅通需求，通过整合教育和产业资源，培养了一批既通晓中文又熟悉投资、贸易、税务等业务的"中文 + 商贸""中文 + 电商"等复合型人才，在推动中外贸易畅通中发挥了积极作用。

加强中国与共建国家在双边本币互换、投融资体系建设、信贷体系建设、投融资机构建设磋商、丝路基金运营等资金融通方面的合作均需"中文 + 银行""中文 + 证券"等复合型人才的助力。截至 2024 年 11 月，印尼的阿拉扎大学孔子学院、巴基斯坦的卡拉奇大学孔子学院、俄罗斯的莫斯科大学孔子学院、意大利的米兰大学孔子学院、肯尼亚的内罗毕大学孔子学院、埃及的开罗大学孔子学院，均已设立了专门的商务中文课程，为当地培养具有中文能力、金融事务处理能力的专门人才，为本国与中国的货币互换、信贷建设提供了良好的资金支持，也为基金运营等各种商业交流和贸易活动打下了根基。

民心相通是"一带一路"建设的发展根基。当前，"中文 +"教育不仅在政策、设施、贸易、金融等重点合作领域发挥了重要作用，在旅游、教育、农业、科技、学术、服务等领域也做出了重要贡献，促进了中国与共建国家的社会民生合作，增进了中国

① 《费萨拉巴德农业大学孔子学院携手中资企业举办"汉语 + 焊接技术"培训项目助力中巴经济走廊建设》，新疆农业大学，http://news.xjau.edu.cn/2020/0501/c1839a67365/page.htm，2020 年 5 月 1 日。

与共建国家的民心相通。2021 年 11 月，肯尼亚埃格顿大学孔子学院举办了“中文 + 温室蔬菜生产技术”培训班，南京农业大学教授和埃格顿大学农业专家联合教授农业课程，孔子学院中方院长担任中国语言和文化课程主讲教师，为来自纳库鲁郡的县、乡各级农业官员、科技人员以及郡农业培训中心人员进行了“中文 + 农业技术”的课程培训[①]，培养了一批通晓中文和蔬菜种植技术的复合型人才，为提升肯尼亚蔬菜种植技术、改善肯尼亚当地民生做出了重要贡献，进一步增进了中肯两国友谊。

由上可见，“中文 + 职业技能”在共建“一带一路”中发挥了巨大的作用，随着“一带一路”建设的深入推进和中外合作空间的不断扩大，未来“中文 + 职业技能”在推进“一带一路”建设不断走深走实中大有可为。

（二）为“一带一路”共建国家企业培养高水平复合型人才

共建“一带一路”倡议的推行，伴随着大量中资企业的“走出去”和共建国家企业的“走进来”。从 2022 年 8 月 1 日到 2022 年 9 月 4 日的一个月时间内，我国在海外签约中标项目达 40 项，在建开工项目 29 项，运营完成 18 项，共计 87 项，平均每周约 22 项，涉及铜矿、电气、土建、机电、铁矿、酒店公寓、港湾、高铁等众多领域。这些在海外的中资企业无论是前期磋商，中期的设施建设、运营管理，还是后期的项目验收，都需要不少既懂中文又懂管理和技术的本土管理人员、专业技术人员和服务人员。而越来越多的“一带一路”共建国家青年也将学好技能和掌握中

① 《埃格顿大学孔子学院成功举办 2021 年中文 + 温室蔬菜生产技术培训班》，南京农业大学，https://brjl.njau.edu.cn/info/1054/1174.htm，2021 年 11 月 15 日。

文，进入本国中资企业工作作为职业发展的热门选择。

以肯尼亚为例，据肯雅塔大学孔子学院中方院长周晓东介绍，学习中文给当地人带来了更多的就业机会。他提道：“在肯尼亚的中资企业需要会中文的人才。我们的毕业生到中资企业工作，薪水通常是没学过中文的同等毕业生的两倍。”围绕“中文＋农业”这个核心，依托南京农业大学的学科优势和资源，埃格顿大学孔子学院开设了“中文＋农机”“中文＋生物质处理”“中文＋畜牧”“中文＋蔬菜嫁接技术”“中文＋园艺”等课程。数据显示，该孔子学院为肯尼亚当地培养了近1.5万名中文学员和农业技术人才。[①]与此同时，不少共建国家的企业来我国投资设企或与中国合办企业。大量外资企业“走进来”的同时，外来企业的外方管理人员和技术人员也来到中国就业，并对“中文＋职业技能”培训产生了需求，以便与企业的中国员工顺畅地交流与沟通。

中国同“一带一路”共建国家在海外的共建项目对“中文＋”复合型人才的需求也大幅增加。以中巴经济走廊为例，随着项目的深入推进，当地对掌握中文和焊接技术的复合型人才需求大增。为满足这一需求，费萨拉巴德农业大学孔子学院开设了“中文＋焊接技术”课程。[②] 2021年1月，第一期学员已顺利完成培训，可以用中文进行日常对话，并期待未来可以进一步提升中文和技术水平，为中巴经济走廊贡献力量。在巴基斯坦旁遮普大学孔子学院“联合国中文日”文化活动上，旁遮普大学孔子学院中方院长蔡进宝也表示，“中巴经济走廊建设需要中文人才，学好中文，

① 赵晓霞：《肯尼亚：学习中文热度高涨》，《人民日报（海外版）》2024年5月17日第11版。

② 《“中文＋”助力国际化人才培养》，中外语言交流合作中心，http://www.chinese.cn/page/#/pcpage/article?id=447，2021年1月5日。

未来能为巴基斯坦的经济社会发展做贡献”[①]。

当前，“一带一路”建设已从总体布局的“大写意”步入精谨细腻的“工笔画”阶段[②]，根据共建国家企业的发展需求，有选择地开展铁路、商务、旅游、航空等重点领域技能培训，推动共建企业的高质量发展，为就业单位和需求方提供人才储备，就是在绘制“一带一路”建设的“工笔画”。

（三）为国际中文教育可持续发展提供动力

自共建“一带一路”倡议提出以来，我国的国际中文教育事业在标准建设、平台搭建、应用推广等方面取得了斐然的成绩。教育部语言文字信息管理司司长田立新表示，“十年来，语言文字战线坚持统筹国内国际两个大局，制定发布首个面向外国学习者、全面评价其中文水平的规范标准《国际中文教育中文水平等级标准》，目前已向海外发布 8 个语种的对照版，与 20 多个语言教育机构进行标准对接。建设全球中文学习平台，建成两年即发展用户 600 万人、覆盖全球 182 个国家和地区，平台总访问量突破亿次”，“截至 2021 年底，已有数十个国际组织使用汉语作为官方对外语言，超过 2500 万人目前进行中文学习，将汉语作为专业课程设置的国家近 80 个，近 2 亿人次累计学习和使用过汉语”。[③]这表明，现阶段国际中文教育事业已具有深厚的发展根基与广阔的前

① 《巴基斯坦旁遮普大学孔子学院举办“联合国中文日”文化活动》，中国一带一路网，https://www.yidaiyilu.gov.cn/xwzx/hwxw/235716.htm，2022 年 4 月 17 日。

② 《2000 多个合作项目：“一带一路”细绘“工笔画”》，中国一带一路网，https://www.yidaiyilu.gov.cn/xwzx/gnxw/151029.htm，2020 年 10 月 11 日。

③ 《教育部：76 个国家将中文纳入国民教育体系》，中华人民共和国教育部，http://www.moe.gov.cn/fbh/live/2022/54618/mtbd/202206/t20220628_641460.html，2022 年 6 月 28 日。

景。但推动国际中文教育迈向新阶段、达到新层次，仍需根据学习者的需求不断创新培养方式，持续推出新标准、新课程、新体系，增强国际中文教育的吸引力。

在新时代国际中文教育业态构建和模式创新研讨会上，中外语言交流合作中心主任马箭飞指出，中外语言交流合作中心将"提高国际中文教育的质量和水平，主动服务和精准对接各国民众中文学习多样化需求；拓展中文的实用性和应用情景，为掌握中文的青年人实习、就业和人生发展开辟新的道路"。北京大学教授赵杨指出，要"提升国际中文教育学科建设能力和事业发展水平"。武汉大学教授赵世举指出，"国际中文教育面临前所未有的挑战，要构建以语言服务为理念的多元化国际中文教育大格局，着力打造事业、产业、物业、副业、职业'五业'并举的、全口径全方位的、多元一体的国际中文教育体系"。[①] 可以看到，无论是马箭飞主任提出的提高国际中文教育质量，提升中文实用价值和应用空间，还是赵杨教授提出的提升国际中文教育事业发展水平，或是赵世举教授提出的创造"五业"并举的国际中文教育体系，都体现了构建国际中文教育的新业态和新发展模式需从基础教学向"中文＋职业技能"培训转型的现实逻辑。

二、现实基础："中文＋职业技能"已具备广泛深厚的发展根基

（一）从基础汉语转向专业汉语教育

在时代使命、发展方式和人才培养方面，国际中文教育均已

① 《新时代国际中文教育业态构建和模式创新研讨会成功举办》，中外语言交流合作中心，http://www.chinese.cn/page/#/pcpage/article?id=929，2021 年 12 月 19 日。

开始从单一的基础汉语向专业汉语升级，“中文 + 职业技能”已具备发展的现实可能。

第一，新的时代，新的使命。国际中文教育主要经历了三个阶段：20 个世纪 50 年代到 90 年代末的早期对外汉语教学，21 世纪初的汉语国际教育和新时代的国际中文教育[①]。在世界百年未有之大变局、共建“一带一路”倡议和构建人类命运共同体的要求下，国际中文教育事业的时代使命发生了重要变化，即在做好中文教学主业的基础上，以服务社会经济发展和中外文化交流事业为导向，增强国际中文教育的内涵与韧性，使国际中文教育成为共建“一带一路”倡议和构建人类命运共同体的重要桥梁。当前，国际中文教育在传播中文和中国文化的同时，也借助“中文 + 职业技能”发挥了重要的“硬联通”“软联通”和“心联通”的互联互通作用。

第二，发展方式转型升级。“截至 2023 年 12 月，全球已有 160 个国家和地区设立了 499 所孔子学院和 793 个孔子课堂，190 多个国家和地区开展了中文教育项目，85 个国家通过颁布法令政令等方式将中文纳入国民教育体系。160 多个国家设立中文水平考试考点 1300 多个，累计考试人数达 5800 多万人次。据不完全统计，海外正在学习中文的人数超过 3000 万。”[②] 上述数据表明，国际中文教育目前已达到了较大规模。国际中文教育“由外延式高速度发展向内涵式高质量发展转变，由单一中文语言教学向多元

① 李宝贵、刘家宁：《新时代国际中文教育的转型向度、现实挑战及因应对策》，《世界汉语教学》2021 年第 1 期。

② 柴如瑾、唐培兰、李建涛：《中文为桥让世界相通相亲——来自 2023 年世界中文大会的声音》，《光明日报》2023 年 12 月 12 日第 7 版。

化‘中文+’教学转变”[①]，即要将数量的增长转变为内涵和质量的提升。这就要求国际中文教育要避免陷入“广而不精”的发展模式，努力提升核心竞争力，将中外共同面临的现实问题融入教育实践，通过“中文+”教育为解决世界难题贡献中国智慧。当前，作为国际中文教育的重要平台，孔子学院已根据不同国家特点和发展需求开设了一系列“中文+”特色课程，中外语言交流合作中心也做出积极尝试，建立了全国首个“中文+职业技能”国际推广基地，为国际中文教育树立了新时代发展的风向标。

第三，人才培养的转型升级。随着共建“一带一路”倡议的深入发展和构建人类命运共同体的快速推进，世界各国在政治、经济及文化等各个领域的联系愈加紧密，这种全方位、多领域的交流与合作使得各个国家和地区对人才提出了新要求，需要拥有中文能力和职业技术。这就要求国际中文教育项目转变培养方式，从以语言和文化教学为主，转变为根据目的国特色和人才需求开展多元化的专业汉语教育，培养既精通中文和中国文化，又具备职业技能的高水平复合型人才。

（二）职业教育国际化促进国际产能合作

“改革开放40多年来，世界规模最大的职业教育体系目前已在中国建立——1.13万所职业学校、3088万在校生，职业教育达成了历史性的突破”[②]，我国的职业教育有着明显的发展优势，为促

① 李宝贵、刘家宁:《新时代国际中文教育的转型向度、现实挑战及因应对策》,《世界汉语教学》2021年第1期。

② 《我国职业教育为高质量发展提供人力资源支撑　成就“技能改变人生”的精彩故事》，中华人民共和国教育部，http://www.moe.gov.cn/jyb_xwfb/xw_zt/moe_357/2021/2021_zt04/fz/202104/t20210412_525821.html，2021年4月12日。

进“一带一路”建设产能发展提供了有力支撑。

在现实需求的推动下，中国职业教育国际化快速发展，并在海外形成了以鲁班工坊为代表的中文职教合作品牌，成为国际产能合作的重要推力。鲁班工坊研推中心的统计数据显示，截至 2022 年 6 月，鲁班工坊合作的中外企业数量达到 66 个[①]，与海外企业和“走出去”的中资企业在教学、实训、实践等方面开展了广泛合作，培养了大量本土技术人才。问卷调查结果表明，鲁班工坊合作的海外企业和海外中资企业均表达了与鲁班工坊的合作意愿，其中，“明确表示具有非常强烈的合作意愿的企业高达 100%，企业对鲁班工坊的发展预期表达较好，有 85.71% 的企业认为与鲁班工坊的合作对企业在海外的发展和国际化进程中发挥了非常重要的作用”，此外，“合作企业对鲁班工坊职业培训总体满意度较高，企业对鲁班工坊提供的职业培训总体满意度的评价中非常满意达到 80%”。[②]

鲁班工坊经过多年的建设与发展后，已得到合作政府的高度评价和国际社会的广泛关注。埃及教育部副部长穆罕默德·穆贾希德表示，“埃及鲁班工坊将增加就业机会，为毕业生打开一个新市场，并提供现代领域的就业机会”。印尼驻华大使周浩黎认为，“将职业教育和经济建设相结合，是推动印尼经济发展的重要举措，

① 杨延：《走向世界的中国名片——鲁班工坊》，中国一带一路网，https://www.yidaiyilu.gov.cn/xwzx/dfdt/254622.htm，2022 年 6 月 21 日。

② 杨延：《走向世界的中国名片——鲁班工坊》，中国一带一路网，https://www.yidaiyilu.gov.cn/xwzx/dfdt/254622.html，2022 年 6 月 21 日。

期待双方开展更多创新合作”。① 可见，作为促进产能发展和增进中外友谊的重要推力，“中文 + 职业教育”不仅具备现实的发展基础，也有着广大的发展前景与合作需求。

（三）国家对“中文 + 职业教育”的政策扶持

近年来，我国制定了一系列国际中文教育与职业教育的“双轨”发展政策，为“中文 + 职业技能”的发展奠定了坚实的政策基础。

2020 年 9 月 16 日，《教育部等九部门关于印发〈职业教育提质培优行动计划（2020—2023 年）〉的通知》提出，推进“中文 + 职业技能”项目，助力中国职业教育“走出去”，提升国际影响力。② 2021 年 4 月 26 日教育部强调要坚定不移地深化职业教育改革，引导职业学校发挥专业优势，主动与优质企业开展双边、多边技术协作，加强国际交流合作。通过在“留学中国”项目和中国政府奖学金项目中设立职业教育类别，探索“中文 + 职业技能”的国际交流融合发展模式。在 2021 年 10 月 15 日教育部关于政协第十三届全国委员会第四次会议第 2624 号（教育类 091 号）提案答复的函中提出，要“发展‘中文 + 职业技能’教育。鼓励国内职业教育机构、中资企业参与国际中文教育，促进职业技能与国际中文教育‘走出去’融合发展，推动各国经济发展和民心相通”③。

---

① 杨延：《走向世界的中国名片——鲁班工坊》，中国一带一路网，https://www.yidaiyilu.gov.cn/xwzx/dfdt/254622.htm，2022 年 6 月 21 日。

② 《教育部等九部门关于印发〈职业教育提质培优行动计划（2020—2023 年）〉的通知》，中华人民共和国教育部，http://www.moe.gov.cn/srcsite/A07/zcs_zhgg/202009/t20200929_492299.html，2020 年 9 月 29 日。

③ 《关于政协第十三届全国委员会第四次会议第 2624 号（教育类 091 号）提案答复的函》，中华人民共和国教育部，http://www.moe.gov.cn/jyb_xxgk/xxgk_jyta/yuhe/202111/t20211104_577702.html，2021 年 10 月 15 日。

2021 年 10 月 12 日，教育部公布了《关于推动现代职业教育高质量发展的意见》，其中提到，要“推动职业教育走出去。探索‘中文 + 职业技能’的国际化发展模式；服务国际产能合作，推动职业学校跟随中国企业走出去；完善‘鲁班工坊’建设标准，拓展办学内涵”[①]。

综上可知，近年来，我国为促进国际产能合作与中外民心相通，出台了大量推进“中文 + 职业技能”的政策措施。在这些政策的支撑下，“中文 + 职业技能”教育一定大有可为，为“一带一路”建设谱写崭新的篇章。

第三节　数字化浪潮下教育的数智化转型契机与长远发展

一、转型契机：数智化教学转型的时代需求与现实基础

（一）国际中文教育数智化转型

数智化教育是数字化教育与智慧化教育的结合。数字化教育是在现代教育思想和理论指导下，应用计算机、通信、网络等信息技术开展教育活动的新型教育方式，具有高效性、开放性、灵活性等特征。[②]数字化教学与传统的多媒体教学、混合式教学和单纯的线上教学相比，能够为教学与学习活动提供丰富的内容和便利的工

① 《中共中央办公厅　国务院办公厅印发〈关于推动现代职业教育高质量发展的意见〉》，中华人民共和国教育部，http://www.moe.gov.cn/jyb_xxgk/moe_1777/moe_1778/202110/t20211012_571737.html，2021 年 10 月 12 日。

② 杨现民、余胜泉：《论我国数字化教育的转型升级》，《教育研究》2014 年第 5 期。

具；能够让师生之间突破时空的限制进行交流、互动与反馈；能够从学习方式、学习进度、学习水平、学习过程等数据与信息对学生进行多维度、精准的科学评价。而智慧化教育是数字化教育理念的深化和优化，是利用云计算、大数据、物联网、扩展现实等现代技术开展的大规模智能互动教学，具有教学活动以学生为中心设计、教学资源实时统计与分析、教学过程和管理过程智能化决策与管理、无时空限制在线互动教学、资源高度集成化共享等特征。[①]

例如，借助5G通信技术和数字化教学平台，不仅能够实现大规模教学资源的高速传输、高清视频在线互动，还能够通过仿真技术开展虚拟情境教学，创造更加真实、生动的交际场景，增强教学内容的直观性和形象性，提升教学效果；借助大数据、人工智能和云计算，不仅能够为教师和学生提供丰富多样的教学与学习资源，还能够通过搜索历史、教学或学习记录、测试结果等，追踪和分析用户行为，提供实时的教学与学习动态，推荐个性化的教学与学习资源等；借助数字化智能教学，不仅能够实现作业在线批改与反馈，大规模在线测试，还能够实现汉语口语的辅助操练，以及汉字的自动识别和书写操练；等等。

数智化教育不仅能够打破时空限制，满足世界各地学习者灵活学习的要求，随时随地提供丰富多样的学习资源，为国际中文教育提供高质量发展路径，还能利用线上教育的低成本优势吸引更多无法来中国学习中文的潜在学习者，实现教育资源的最大化利用，助力国际中文教育的可持续发展。

---

① 何克抗:《大数据面面观》,《电化教育研究》2014年第10期。

（二）国际中文教育数智化建设具备现实发展基础

数智化教育是我国教育现代化发展的重要任务，我国制定出台了一系列推进教育数字化与智慧化的相关政策，为国际中文教育的数智化建设奠定了坚实的政策基础。2018 年 4 月 13 日，教育部印发《教育信息化 2.0 行动计划》将深入推进“三通两平台”，持续推动信息技术与教育深度融合，以及构建一体化的“互联网 + 教育”大平台作为计划的重要任务，并从数字资源服务普及、网络学习空间覆盖、网络扶智工程攻坚、数字校园规范建设、智慧教育创新发展、信息素养全面提升等方面规划了实施行动。[①]2019 年 2 月 23 日，教育部发布了《中国教育现代化 2035》，文件聚焦教育发展的突出问题与薄弱环节，重点部署了面向教育现代化的十大战略任务，“加快信息化时代教育变革”便是其中之一。该战略任务提出，要统筹建设一体化智能化教学、管理与服务平台；利用现代技术加快推动人才培养模式改革，实现规模化教育与个性化培养的有机结合；创新教育服务业态，建立数字教育资源共建共享机制；等等。[②]2022 年 7 月 25 日，教育部办公厅印发《国家智慧教育公共服务平台接入管理规范（试行）》，该规范按照国家教育数字化战略行动的统一部署，为加快推进教育数字化转型，促进教育高质量发展，加强对接入国家智慧教育公共服务平台的各级平台的管理，形成以国家智慧教育门户为核心的国家智慧教育

① 《教育部关于印发〈教育信息化 2.0 行动计划〉的通知》，中华人民共和国教育部，http://www.moe.gov.cn/srcsite/A16/s3342/201804/t20180425_334188.html，2018 年 4 月 25 日。

② 《中共中央、国务院印发〈中国教育现代化 2035〉》，中华人民共和国教育部，http://www.moe.gov.cn/jyb_xwfb/s6052/moe_838/201902/t20190223_370857.html，2019 年 2 月 23 日。

平台体系而制定的，对接入要求、接入流程、运行流程等进行了规范。[①]为不断加强国际中文教育数字化建设，2021年12月，中外语言交流合作中心发布了《国际中文在线教育行动计划（2021—2025年）》，确定了到2025年基本实现国际中文教育数字化、智能化、泛在化的发展目标。[②]此外，中外语言交流合作中心还发布了《国际中文教育数字资源建设指南》，依托"中文联盟"平台，规划国际中文教育数字资源建设框架，明确了数字资源的标准、内容、形式，以及资源汇聚过程中的管理流程，为数字化资源建设服务体系提供了明确路径。[③]可见，数字化与智慧化教育已成为教育领域，特别是国际中文教育领域的重要发展任务，得到了教育部的高度重视，相关政策制度和标准已逐步完善，为其发展提供了坚实的基础。

此外，国家还建成了一系列智慧教育平台及体系，教育数智化建设初见成效，为国际中文教育数智化的深入发展提供了广阔的发展平台与空间。2022年3月29日，国家智慧教育平台正式上线，平台一期项目主要包括国家中小学智慧教育平台、国家职业教育智慧教育平台、国家高等教育智慧教育平台和国家24365大学生就业服务平台等4个子平台，聚焦学生学习、教师教学、学

---

① 《教育部办公厅关于印发〈国家智慧教育公共服务平台接入管理规范（试行）〉的通知》，中华人民共和国教育部，http://www.moe.gov.cn/srcsite/A16/s3342/202208/t20220819_653868.html，2022年8月19日。

② 《详解国际中文在线教育行动计划2021—2025年》，国际中文教育人才网，http://zhaopin.jiaohanyu.com/article/1300.html，2022年3月14日。

③ 马箭飞：《国际中文教育信息化建设成效及发展方向——在国际中文智慧教育工程成果发布会上的讲话》，《世界汉语教学》2022年第3期。

校治理、赋能社会、教育创新等功能。[①]这些平台不仅是教育数字化战略行动取得的阶段性成果，也是新时代加快教育数字化与智慧化变革的重要途径。在国际中文教育领域，中外语言交流合作中心积极与400多家中外教育机构、院校、企业等合作，推动构建以“中文联盟”云服务教育平台为基础，以重点国别区域专项平台、语合智慧教室、网络中文课堂、中文学习测试中心等为特色的国际中文教育平台体系。截至2022年6月18日，中文联盟平台已经汇聚了400多家院校、机构的340多门、1.6万多节网络课程，逐步实现各级平台互联、数据互通、应用协同，形成了“互联网+国际中文教育”发展格局。[②]

二、长远发展：重塑国际中文教育数智化格局的重要维度

数智化转型是应对新时代全球科技和教育革命的顺势之举，只有用数字技术赋能国际中文教育高质量发展，才能在变局中开新局，为数字化浪潮下的国际中文教育发展注入鲜活动力。当前，数字技术在国际中文教育中的作用已由辅助和增强变为“重塑”[③]，教育模式、教学资源、师资培养等教育数字化转型的基本要素成

① 《教育数字化战略行动取得阶段性成果　国家智慧教育平台正式上线》，中华人民共和国教育部，http://www.moe.gov.cn/jyb_xwfb/s5147/202203/t20220329_611601.html，2022年3月29日。

② 马箭飞：《国际中文教育信息化建设成效及发展方向——在国际中文智慧教育工程成果发布会上的讲话》，《世界汉语教学》2022年第3期。

③ 徐娟、马瑞祾：《数字化转型赋能国际中文教育高质量发展》，《电化教育研究》2023年第10期。

为国际中文教育全方位转型的重要维度[①]。

（一）国际中文教育智慧化变革

国际中文教育作为跨国别、跨文化的全球性教育事业，朝着智慧教育的方向发展是教育之需、国家之需和世界之需。[②]深入推进国际中文智慧教育不仅是为了满足全球日益增长的全球中文学习者学习需求，也是为了更好地扩大知华友华群体，以"他者"视角讲好中国故事、展现中国形象的重要路径，更是为了以智慧中文教育惠及各国中文职业教育，发挥中文经济服务功能。"国际中文智慧教育"这一概念由北京语言大学刘利教授最先提出，指"全面系统地使用智慧化手段开展中文作为第二语言的教育，聚焦于教和学两方面的核心要素，对国际中文教育的形态进行体系性的变革，使所有的教学行为和学习行为都能充分得到信息化和智能化支撑，既实现学习智慧化，又实现教学智慧化"[③]。这一概念明确指出了国际中文教育智慧化的内涵、路径与效果。基于这一概念，在以互联网为教育信息载体、以学习者与智能（移动）终端人机交互为特点的教育 4.0 时代，国际中文教学的智慧化应具备以下重要特征：

其一，个性化与泛在化。在国际中文智慧教育中，个性化学习被视为关键目标之一。智能化技术和大数据分析，可以充分记

① 袁振国：《教育数字化转型：转什么，怎么转》，《华东师范大学学报（教育科学版）》2023 年第 3 期。

② 刘利、刘晓海：《关于国际中文智慧教育的几点思考》，《语言教学与研究》2022 年第 5 期。

③ 刘利、刘晓海：《关于国际中文智慧教育的几点思考》，《语言教学与研究》2022 年第 5 期。

录与分析学习者的个人特征、学习历史和偏好等，为其量身定制学习路径和内容，以更好地提升其中文学习效果。泛在化学习使得各国学习者不再受时空的限制，学习者可随时随地通过智能终端获取学习资源，参与虚拟或在线学习活动，与全球的教师和同学进行互动交流。这种个性化与泛在化的学习模式，使得中文学习更加自主、灵活，有助于满足不同学习者的需求和学习节奏。

其二，场景化与精准化。在国际中文智慧教育中，场景化被视为重要特征之一。场景化能够以真实、生动的中文学习场景，使学习者身临其境地体验中文学习情境和现实交际场景，提升其中文学习体验，真正地实现“在用中学”。精准化则以学习者的个性化学习数据为导向，通过大数据应用深入了解其学习状态和需求，更好地满足学生个性化的学习需求。因此，场景化与精准化在国际中文智慧教育中扮演着至关重要的角色，是提高中文教学趣味性和逼真度、激发学生学习兴趣和长远动机的重要维度。

其三，效果评估的动态化与多样化。在国际中文智慧教育中，动态和多样化评估也被赋予了重要意义。其重要性在于，它们能够为教育者提供更全面和客观的评价方式，有助于教学质量和学习效果的持续改进，推动学生的全面发展。其中，动态化评估能够利用现代化技术手段持续跟踪学生的学习过程和学习效果，及时发现和解决问题，从而促进学生持续进步。多样化评估则能够全面地评价学生的语言能力和综合素养，从不同角度展现学生的学习成果，为其提供更有效的学习支持。动态化与多样化的评估方式，为评价学生的语言能力与文化素养提供了更为全面的视角，为国际中文智慧教育提供了重要的保障和支持，有助于推动中文教育质量的不断提升，培养更具竞争力的中文学习者。

（二）中文教学资源多模态化与智能化发展

教学资源是支撑教学活动开展的重要组成部分，对于教学效果的提升和学习者中文知识和技能的全面发展起着不可或缺的作用。在数字化时代，中文教学资源不再局限于传统的纸质教材或简单的文字形式，而是通过数字技术呈现为多种形式，包括文本、图像、音频、视频、动画等多种模态，使得知识的呈现更加直观、生动，可以更好地激发学习者的兴趣和好奇心，提高其学习的积极性和效果。

此外，数字化浪潮为多模态教学资源的长远发展提供了广阔的土壤和支撑技术。其中，扩展现实技术为多模态教学资源的发展提供了全新的可能性。通过扩展现实技术，中文教师可以为学生创造出身临其境的虚拟学习环境，让学习者沉浸其中，进行深度互动和体验。人工智能技术则为多模态教学资源的个性化定制和智能化辅助提供了强大支持。借助人工智能技术，中文教师可以根据学习者的需求和行为数据，为学习者提供量身定制的学习资源。此外，大数据技术还为多模态教学资源的创新与优化提供了数据支撑和决策参考。通过对学习者多模态学习数据的收集、分析和挖掘，大数据技术可帮助中文教师快速、深入了解学习者的学习情况和行为特征，发现潜在的学习规律和问题，从而优化教学资源的设计和使用。

此外，数字化技术还为中文多模态教学资源的跨时空传播提供了便利条件。通过数字化技术，各种形式的多模态教学资源能够以数字化的形式存储和传播，不再受限于传统的纸质材料或实体设备。这意味着全球各地的中文学习者可以通过互联网或各类数字平台随时随地获取所需的学习资源，随时随地进行中文学习。

通过教学 App、在线学习平台等数字化工具，中文教师可以将教学资源上传到网络云端，与学生实时分享和交流；学生则可以轻松地获取学习资源，与教师和其他学生进行互动和讨论，实现资源的即时传播和交流。另外，数字化技术也为教学资源的更新和优化提供了便利条件。

总的来看，数字化浪潮下的扩展现实、人工智能和大数据等技术手段不仅丰富了中文教学资源的表现形式，也为教学资源的个性化、智能化应用以及教学资源的开放共享、动态优化提供了技术支持和实现手段，推动多模态教学资源的不断创新和进步，为国际中文教育的发展带来更多的可能和机遇。

（三）国际中文教师数字素养提升

教师的数字素养是推动教育数字化发展的关键因素。2022 年 11 月 30 日，教育部为响应教育数字化战略发布了《教师数字素养》，从教师的数字化意识、数字技术知识与技能、数字化应用、数字社会责任和专业发展等五个维度[①]对教师数字素养的内涵和标准进行了规定。2024 年 1 月 29 日至 1 月 31 日，教育部和中国联合国教科文组织全国委员会、上海市人民政府在上海举办了 2024 世界数字教育大会，并于 1 月 30 日以“教师数字素养与胜任力提升”为主题举行了平行会议，分享与交流教师数字素养培养与提升的先进理念、典型经验及有效路径。[②]在 2024 世界数字教育大会

① 《教育部关于发布〈教师数字素养〉教育行业标准的通知》，中华人民共和国教育部，http://www.moe.gov.cn/srcsite/A16/s3342/202302/t20230214_1044634.html，2022 年 11 月 30 日。

② 2024 世界数字教育大会，https://wdec.smartedu.cn。

闭幕式上，中国社会科学院还发布了全球数字教育发展指数和《中国智慧教育发展报告（2023）》，数据显示，"在过去三年，中国通过实施国家教育数字化战略行动，在数字资源建设应用、数字素养培养、数字教育体系构建 3 个方面取得明显进展，指数排名从 24 位跃升到第 9 位，前进 15 位"[①]。可以看到，作为教育数字化发展的"软实力"，教师数字素养已成为我国教育数字化发展的重要课题和国家数字化发展水平的重要衡量标准。

国际中文教师数字素养的培养和提升也是应对国际中文教育数智化需求、提升教学效果的重要方式。近年来，国际中文教育领域开发、上线了一系列数字化教育平台和软件，如"全球中文学习平台""网络中文课堂""'中文联盟'数字化服务云平台""语合智慧教室""国际中文智慧教学平台 1.0 版""JUZI 汉语"等，在推动国际中文教育数字化转型的同时，也对教师的数字化教学和管理能力提出了更高的要求。随着数字技术在国际中文教育领域的广泛普及和应用，国际中文教师只有具备更高数字素养才能熟练地使用教学软件、掌握在线教学技巧。此外，具备高数字素养的中文教师可以探索更多创新的教学方式，如利用扩展现实技术进行情景化语言实践、借助在线平台开设课程等，从而丰富教学手段，提高教学效果；更可以通过数字技术更好地利用数字化教学资源，与全球范围内的其他教师共享经验和素材，促进国际中文教育的交流与合作。

国际中文教师数字素养的培养和提升也具备了一定的现实条

---

① 《全球数字教育发展指数"出炉"：中国排名前进 15 位》，中华人民共和国教育部，http://www.moe.gov.cn/jyb_xwfb/xw_zt/moe_357/2024/2024_zt02/mtbd/202402/t20240201_1113850.html，2024 年 1 月 31 日。

件。教育部在这方面发挥着重要的引领和推动作用。除了颁布《教师数字素养》指导教师数字素养的培训和评估外，还通过常态化开展平台应用国家级线上培训、寒暑期教师研修等对各级和各类学校教师进行数字能力培训，2023 年，仅暑期教师研修班的参与教师人数就超过了 1600 万[①]。同时，教育部还持续推进 103 个人工智能助推教师队伍建设试点单位的建设工作[②]，这为教师数字素养的培养和提升提供了更加广阔的政策支持和实践渠道，也意味着教育领域对数字化技术的认可和应用的进一步深化。许多学校和教育机构积极响应国家数字化教育战略的号召，建立了数字化教学平台，并提供了丰富的数字化教学资源和工具。这些平台不仅为学生提供了更加丰富、便捷的学习途径，也为教师提供了更广阔的平台和机会，使他们能够更轻松地接触和利用数字技术进行教学。

总的来看，数字化教学环境的普及、国家政策的倡导和支持以及各类教师数字素养培养活动的开展为国际中文教师数字素养的提升创造了良好的环境和条件。

---

① 《中国特色教师教育体系形成新局面》，中华人民共和国教育部，http://www.moe.gov.cn/jyb_xwfb/xw_zt/moe_357/2023/2023_zt14/mtbd/202309/t20230907_1078761.html，2023 年 9 月 1 日。

② 《中国特色教师教育体系形成新局面》，中华人民共和国教育部，http://www.moe.gov.cn/jyb_xwfb/xw_zt/moe_357/2023/2023_zt14/mtbd/202309/t20230907_1078761.html，2023 年 9 月 1 日。

第四节　百年大变局中的挑战与机遇

一、国际形势变化：国际中文教育活动受阻

（一）局部安全形势阻碍中外交流

当前，世界正处于百年未有之大变局，国际环境复杂，不稳定与不确定性明显提升。2022 年以来，恐怖袭击、地区冲突等进一步恶化了国际安全形势，增加了大变局下中外交流的阻碍，给国际中文教育带来新的风险与挑战。

2022 年 4 月 26 日下午，巴基斯坦卡拉奇大学孔子学院班车在校内遭遇恐怖袭击，中方院长黄桂平、公派教师丁沐舫、志愿者陈赛遇难，公派教师王钰清受伤。在对这起重大恐袭事件表示强烈谴责、对不幸遇难人员表示深切哀悼之余，也应看到地区安全形势不仅事关此次恐袭事件中巴基斯坦孔子学院教师的人身安全，也事关全体国际中文教师赴外任教的信心和海外国际中文教育的稳定发展。孔子学院是海外发展国际中文教育事业的主要阵地，然而，当前仍有不少孔子学院处于风险级别较高的国家或地区。截至 2022 年 4 月 30 日，外交部所属的中国领事服务网将全球 153 个含孔子学院的国家（地区）划分为四个风险级别。其中，极高风险区 13 处，高风险区 30 处，中风险 48 处，占孔子学院覆盖国家（地区）的 59.48%。此次恐袭事件的发生不仅暴露了国际中文教师赴外任教的潜在风险，也对孔子学院甚至国际中文教育海外事业的安全、稳定发展提出了挑战。恐袭事件过后，部分有心之人和境外势力还趁机"借题发挥"，在网络上发表挑起中巴两国及人民矛盾的不当

言论，企图将此次恐袭及其相关事件升级为国家矛盾与国际冲突，给中巴人民的友好往来造成了严重的负面影响。

除与中国直接相关的恐袭事件外，2022 年俄乌冲突对中国外交产生了间接影响。乌克兰地处俄罗斯西部与欧洲东部之间，是连接东西方的桥梁和纽带，也是“一带一路”上的重要交通枢纽。俄乌冲突不仅对俄罗斯与乌克兰的政治、经济、外交、军事等产生了巨大的影响，也对世界经济复苏、国际政治格局、全球治理机制等带来了一定的冲击，推动逆全球化进程，给中外交流带来阻碍。除此之外，以美国为代表的西方国家，针对此次冲突，将中国描绘为俄罗斯的盟友，表明中国将会影响日后美国安全，渲染“今天是俄罗斯，明天是中国”等相关“西方威胁言论”①，在国际舆论中引导和煽动西方民众对中国的负面情绪，阻碍中国与其他国家发展正常友好的国际关系及开展国际交流活动。

（二）国际负面报道影响中国形象

在国际传播领域，相较于对占据国际主要传播量 80% 的英文传媒文字，中文的使用并非普遍②。为了维护西方的利益及在全球治理中的传统优势地位，遏制中国等新兴国家的发展，不少西方媒体打着“自由”“民主”的旗号对中国等新兴国家提出的发展战略和文化交流机构进行污名化报道，以稳固西方对全球治理的主导权，强化西方治理模式。

---

① 王战、李永全、姜锋、于运全、徐明棋、冯绍雷：《俄乌冲突、全球政治经济转型及其对中国的影响》，《俄罗斯研究》2022 年第 3 期。

② 王战、李永全、姜锋、于运全、徐明棋、冯绍雷：《俄乌冲突、全球政治经济转型及其对中国的影响》，《俄罗斯研究》2022 年第 3 期。

以美国媒体对中国共建"一带一路"倡议的报道为例，《纽约时报》《华盛顿邮报》《华尔街日报》等美国主流媒体都曾将共建"一带一路"倡议描绘为中国利用经济手段引导、影响和控制他国外交，打造与美国匹敌甚至超越美国的超级大国的战略手段，是21世纪的中国版"马歇尔计划"，隐喻中国的共建"一带一路"倡议有着"非经济层面的战略动机"[①]，认为中国实施该倡议有着地缘政治的野心，意在传播"中国模式"，重塑国际权利格局。这种抹黑、污名化中国共建"一带一路"倡议的负面报道不仅有损中国的形象和声誉，也对我国推进共建"一带一路"倡议，深入发展与其他国家的各领域交流与合作关系造成了一定的影响。

此外，作为中国语言文化传播的重要窗口，孔子学院在西方媒体的报道中也深陷舆论困境。在包括美国在内的西方国家看来，孔子学院是中国共产党政治宣传的工具和文化意识形态输出的平台，有着勃勃野心。例如，《华尔街日报》称中国利用海外的数百所孔子学院加快塑造现代化强国形象的步伐，《华盛顿邮报》称孔子学院是"中国扩大其海外影响的一个手段"[②]。受西方媒体对孔子学院的负面舆情的影响，近年来孔子学院在美国、德国、瑞典等西方国家的发展纷纷遭遇重创，"自年初开始，美国已有13所孔子学院宣布于2020年关闭，至此美国关闭的孔院数量已经达到了三分之一；4月，瑞典境内的最后一家孔子课堂宣布关闭；6月，德国巴伐利亚州召开听证会针对孔子学院展开调查"[③]。

① 寇贺英：《美国对"一带一路"倡议污名化问题研究》，外交学院2021年硕士学位论文。

② 刘志刚：《选择性误读下孔子学院跨文化传播的三重困境》，《传媒观察》2021年第6期。

③ 张未然：《新形势下孔子学院的舆情困境：特征、原因与对策》，《现代传播（中国传媒大学学报）》2021年第3期。

可以看到，对中国提出的促进世界各国共同发展、共同繁荣的共建“一带一路”倡议，以及打造的增进世界各国语言文化交流的平台孔子学院，西方主流媒体充斥着大量的污名化报道。这些报道不仅反映了西方国家对中国的误读与偏见，更阻碍了中外文明对话及共商、共建、共享的步伐。

二、国际体系重塑：国际中文教育发展新机遇

（一）国际格局变化推进世界多元版图构建

世界百年未有之大变局是指以中国为代表的新兴国家快速崛起，改变了近代以来的历史发展进程，世界朝着多极化的方向发展，国际经济、政治、文化等格局正经历着深刻的调整和变化。

首先，世界经济中心发生转移。以中国为代表的发展中国家和新兴经济体的快速发展改变了世界经济发展版图。20 世纪 80 年代，世界经济进入新的历史发展阶段，世界发展的贡献率及世界经济总量占比，以中国、巴西、印度等国为代表的新兴经济体逐渐增加。“21 世纪初，新兴经济体和发展中国家的经济总量占全世界的比重已接近 40%，到 2035 年有望达到 60%”[①]，与此同时，西方发达国家的经济实力却在下降，正逐渐失去其在全球经济中的重要位置，世界经济中心逐渐从西方向东方转移。

其次，国际力量的对比发生变化。20 世纪末冷战结束后，世界权力从美国和苏联两个中心向多个中心扩散，且多个中心的差距也逐步减小，国际力量朝着多极化的方向发展。21 世纪初，诸多西方国家在 2008 年的金融危机中遭到重创，其相对实力减弱。

① 于沛：《百年未有之大变局与世界历史进程》，《世界社会主义研究》2022 年第 4 期。

与此同时，金砖国家、上海合作组织等国际组织的建立和发展也进一步加快了世界多极化发展的进程，国际力量的对比逐渐变小，朝着均衡化方向发展。

最后，人类文明多样性加速推进。在百年未有之大变局的背景下，西方的一系列经济和政治问题导致其发展模式日渐式微，借助其发展模式宣扬西方文明优越性、"消解"其他各民族文明以一统天下的局面亦不复存在，西方文化的世界影响力下降。与此同时，以中国为代表的新兴经济体的影响力却不断提升，中国发展模式及"人类命运共同体"的提出受到更多国家关注，世界文化格局东升西降。

在百年未有之大变局背景下，新兴经济体的崛起使得世界经济版图、政治版图、文明版图朝着多元化、均衡化格局发展，平等对话、互鉴共融成为各文明之间交流的宏观态势，这一态势促进了中外各领域的交流与合作，为国际中文教育的发展提供了良好的外部环境。

（二）新一轮科技革命推动传播生态变革

在百年未有之大变局背景下，以大数据、5G技术、人工智能、量子通信等为代表的第四次产业革命推动了通信技术的进一步发展，使得原本处于全球舆论边缘、被动接受信息的"非西方国家和地区"通过媒体平台的数字化传播迅速崛起，成为全球话语体系中不可忽略的重要力量[①]。在文化格局"东升西降"和科技赋权（empower）全球传播主体"去中心化"的背景下，传统的"以

① 赵磊：《从世界格局与国际秩序看"百年未有之大变局"》，《中共中央党校（国家行政学院）学报》2019年第3期。

促进不同文化交流互鉴为目标，但实质上以西方话语体系为中心”的跨文化传播（intercultural communication），转变为“以人类命运共同体为核心，以赋权方式带动世界各国共同发展”的“转文化传播”（transcultural communication）[①]，这种文化传播生态的转型使各个国家和地区得以通过移动网络和社交平台随时随地获取和传播数字化信息，使得原本处于舆论边缘的非西方国家成为全球信息传播中不可忽视的重要一极。

此外，在新一轮科技革命的推动下，借助大数据、5G 移动通信技术、人工智能传播数字化信息的云端媒体平台也迅速发展起来，微博、抖音海外版、YouTube、Twitter、Instagram 等互联网平台替代了传统的电视、广播、报纸、杂志等信息传播媒介，成为人们日常接收和发布信息的重要平台。与传统媒体不同的是，这些新媒体平台发布的消息融合了文字、图片、声音、图像、动画等多模态视听符号，在信息表达上突破了语言文本的限制，能够在较短时间内实现信息的生动化、形象化传播，成为新时代扩展语言和文化传播空间的重要途径。

在新一轮科技革命“赋能”传播主体、拓宽传播媒介的过程中，平等、公正的“新全球化”国际传播新秩序得以重构，多渠道、多模态的传播方式得以发展，不同语言、文化与身份的隔阂在新的传播秩序与传播方式中开始消弭，中外交流朝着多元、平等、互融的方向发展，为中国语言文化的传播和国际中文教育的发展提供了良好环境与多元路径。

---

① 史安斌、盛阳：《从“跨”到“转”：新全球化时代传播研究的理论再造与路径重构》，《当代传播》2020 年第 1 期。

第六章　多维发力：“一带一路”共建国家国际中文教育发展对策

共建“一带一路”倡议促进了中国语言与文化在世界范围内的广泛传播，也为国际中文教育的发展提供了良好的契机。本章以前文的分析为基础，立足“一带一路”共建国家当前国际中文教育的前景规划、长远发展，结合现状提供相应的解决方案，具体的四维发展战略矩阵如表 6.1 所示：

表 6.1　“一带一路”共建国家国际中文教育的四维战略规划

		内部条件	
		Strengths （优势）	**Weaknesses** （劣势）
外部环境	**Opportunities** （机遇）	**S-O战略：发挥政策与渠道优势，推动国际中文教育高质量发展** · 立足人才培养需求，推动“中文”与“职业教育”融合发展 · 体系化、多元化国民教育渠道，展现国际中文教育新前景	**W-O战略：秉持共商共建共享理念，攻克国际中文教育现存难题** · 构建中外联动机制，加强师资队伍建设 · 多措并举，保障国际中文教材高质量发展

续表

		内部条件	
		Strengths （优势）	**Weaknesses** （劣势）
外部环境	**Threats** （挑战）	**S-T战略：立足技术优势与文化底蕴，应对新形势下的风险挑战** · 完善数字资源服务体系，满足数字化转型需求 · 激发语言文化活力，提升中文的国际影响力	**T-W战略：深入推进语言文化交流，助推中外语言文化融通** · 拓宽中外文化交流途径，提升中华文化国际传播效能 · 加强海外爱国力量建设，营造语言文化传播良好氛围

第一节　S-O：发挥政策与渠道优势，推动国际中文教育高质量发展

利好的教育政策与多元的教育渠道是“一带一路”共建国家国际中文教育可持续发展的双驱动力，因时制宜挖掘周边各国政策潜力，因地制宜发挥各国渠道优势，是推动国际中文教育高质量发展的有效着力点。

一、立足人才培养需求，推动“中文”与“职业教育”融合发展

在共建“一带一路”倡议持续推动下，中国与周边国家共同签署并承建一系列重大基础设施建设项目，中国民营企业也走出国门开拓国际市场，参与国际经贸合作。项目建设与企业落户提供了大量的就业岗位，周边各国对相应领域职业技能型中文人才

需求大增，对国际中文教育提出了新的培养要求。

（一）强化战略对接，凝聚合作共识

自共建“一带一路”倡议提出以来，很多国家、地区便开始寻求与之战略对接。目前，共建“一带一路”倡议已经与俄罗斯“欧亚经济联盟”、印度尼西亚“全球海洋支点”、欧洲“容克投资计划”等国家和地区的战略规划形成对接。在“一带一路”框架下，中巴经济走廊建设不断迈上新台阶、中印尼构建了“四轮驱动”的双边关系新格局、中俄持续加强多边事务协作、中意不断开辟新的合作增长点、中埃全面战略伙伴关系保持强劲发展势头、中肯基础设施是两国优先合作方向。中国不断加强与共建国家发展战略的深入对接，增进了共建国家同中国在多边领域的协作，彼此之间的政治互信更加牢固，务实合作更加深入，人文纽带更加紧密，为共建国家“中文＋职业技能”实践的开展创造了友好的环境。

（二）突出需求导向，提升供需匹配度

针对“一带一路”共建国家开展实地调研，一方面着重调研共建国家中资企业所面临的人才瓶颈，掌握中资企业对人力资源的实际需求，从市场需求值判断当地应开设的“中文＋”专业，为制定精准化培养方案提供前期的数据支持。另一方面，应对共建国家的孔子学院（课堂）、职业院校、高等学校的中文专业开展调研，了解其现有的教学资源，评估其开展“中文＋”教育的水平和能力。对企业和教学部门的调研数据进行综合分析后，以市场需求为导向，协调共建国家现有教学资源，组织开展相应的“中文＋”教育，并针对共建国家教育资源现有短板，通过中方政府、企业

牵线搭桥，促成中外教育合作，建立规模化、定向化“中文 +”职业技能培训体系，为共建国家中资企业提供本土化“中文 +”人才支持。这对解决当地就业、促进当地经济社会发展具有重要意义。

（三）注重内涵式发展，实现创新式发展

“中文 +”教育与共建“一带一路”关系紧密，共建“一带一路”的持续推进极大地促进了“中文 +”教育的发展，也为“中文 +”教育开拓了广阔的天地。当前，“一带一路”共建国家对拥有中文能力的复合型人才需求不同，各国中文教育与职业教育匹配性不足，要在充分进行国别化调研的基础上，按照“市场主导、政府支持、多方参与”的思路制定国别化“中文 +”教育路径，并与海外和本国专家学者共同打造“中文 + 职业技能”标准规划，促进中外合作办学、学分互认、证书衔接，注重“中文 + 职业技能”的内涵式发展。共建国家虽已开展“中文 +”课程或培训，但相关专业的师资、教材、教法等均面临着巨大的挑战，各国可根据当地中资企业的意愿，协调当地中文教学资源，创新发展“政府组织、院校参与、企业受益”的培养模式，在当地创建短期“中文 + 职业技能”培训课程，为当地精准培养所需人才。

二、体系化、多元化国民教育渠道，展现国际中文教育新前景

近年来，将中文纳入国民教育体系的“一带一路”共建国家越来越多，针对共建国家中文教育存在的问题和挑战，可从以下三个方面着手改善，以促进共建国家中文教育的体系化、多元化发展。

（一）关注国别差异，坚持因地制宜

“一带一路”共建国家中文教育面临的政策环境、教育布局、发展路径各异，在国际中文教育推进的过程中应避免同质化发展路线，充分考察各国整体教育环境、挖掘当地教育资源优势、把握各国学习者的实际需求、关注国别间的文化差异，坚持教育本土化、教育特色化、教育个性化原则，为共建国家国际中文教育可持续发展制定短期与长期规划，提升中文在共建国家教育体系中的融入度。

以亚洲国家巴基斯坦和印度尼西亚为例，两国中文教学基础及教育政策差别明显。巴基斯坦的中文教学起步较晚、基础较差。巴基斯坦中文教学始于中巴两国正式建立外交关系之后，其最早教授中文的学校是为培养懂中文的军事外交人才建立的，直到 2005 年，巴基斯坦成立了第一所孔子学院，中文才开始进入巴基斯坦民众的视野。印度尼西亚的中文教育起步较早、根基较稳。印度尼西亚是世界上最早推行华文教育的国家之一，其华文教学已有百年历史。两国中文教学基础的不同决定了后续发展路线的差异。巴基斯坦教育部在 2013 年正式将中文纳入六年级至初中的教学课程，使其成为一门必修课，在教育政策上给予中文教学支持和引导。但印度尼西亚教育文化部规定，学前阶段、小学阶段、初中阶段只允许私立或国际学校开设中文课程，高中阶段所有学校可自行安排把中文纳入必修课或选修课。共建国家的中文教育政策影响了中文课程的性质和开设范围，也间接决定了中文在共建国家的地位。针对两个国家中文教学历史和现状的差异，在制定国际中文教育发展策略时必然要差异化处理，避免“一刀切”。

（二）拓展教学广度，推进教学深度

虽然已有不少“一带一路”共建国家将中文纳入国民教育体系，但属于“部分性纳入”或“阶段性纳入”，且课程性质多为选修课、特色课。以埃及为例，埃及基础阶段中文教育开展相对较晚，2020 年 9 月中埃两国签署《关于将汉语纳入埃及中小学作为选修第二外语的谅解备忘录》，并开始在 12 所中学开展中文教育试点，标志着中文以选修课的形式进入埃及基础教育阶段。较少的国家将中文作为必修课列入课程体系，如巴基斯坦虽然将中文作为必修课纳入六年级至初中的教学课程，但是以试点的方式进行，受师资等相关教学资源限制，中文必修课并未实现全覆盖。所以，国际中文教育应该抓住“中文热”的发展机遇顺势而为，为中文课程的开设创造有利条件，提高各学段中文课程的普及率，为共建国家民众提供更多的学习机会，拓展中文教学广度。

在拓展教学广度的基础上，还应推进教学深度。中文纳入教育体系后，共建国家相关部门并未结合本国情况拟定统一教学大纲或教学计划，多是将中文课程设置及管理权下放到各级学校，各学校视自身情况开设课程，教学内容及考核内容由中文教师自行安排，学生缺乏自主学习动机，教学质量和学习效果难以保障。推进教学深度意味着中文课程的开设不再流于形式，而是切实融入共建国家的国民教育体系，坚持标准引领，鼓励中外智库合作，为共建国家制定“统一化”“个性化”“特色化”的教学大纲或教学计划，规范各学段教学内容，保障各学段教学质量，实现共建国家各学段中文教学的体系化发展。

（三）正视培训机构，鼓励自由竞争

中文教育培训机构当前以民营为主，主要分为各类补习学校、补习班、课外辅导班等，虽然是非学历教育机构，且被排除在国民教育体系之外，但是也逐渐成为国际中文教育发展不可或缺的一环。由于这些机构为非学历教育性质，因此在办学、招生、教学、收费等各环节灵活性大，受众兼顾成人和青年群体，根据招生规模建校，根据当地经济水平设定收费标准，并针对不同学生水平及需求提供多样化教学方式。

非学历教育的培训机构除了为所在国中文学习者提供线下教学外，还可提供在线教学，例如印度尼西亚影响力较大的在线语言培训机构 Squline、俄罗斯较为有名的线上学习平台"沃可易（Вокей）"等，通过视频直播、视频录播的形式为学习者提供相应的课程。

除了共建国家的中文培训机构外，我国国内也有不少公司、机构从事国际中文教育。例如 2006 年成立于北京的"唐风汉语"是一家集中文教学研究、产品技术开发、网络推广于一体的面向全球的中文教学服务机构，可为全球中文学习者提供多终端、个性化的网络定制教学服务，为全球中文教师提供先进的教学技术、教学资源和市场服务，培养大批教师成为网络中文教学的专业人才。同类的机构或平台还有 JingLeLingo（锦灵中文）、SuperChinese、ChineseRd（中文路）、Lingo Bus、M Mandarin（漫中文），该类机构和平台丰富了全球中文学习者的学习渠道，为中文学习者提供了多样的选择。正视培训机构及教育平台的发展，鼓励其在市场规律下自由竞争，有助于国际中文教育的长足发展。

第二节 W-O：秉持共商共建共享理念，攻克国际中文教育现存难题

中文教师和中文教材是“一带一路”共建国家中文教育发展的关键要素，也是共建国家中文教育高质量发展需要解决的两大难题。现阶段输入型师资虽然能在一定程度上缓解共建国家的“教师荒”，但唯有重视本土中文师资的培养才能从根本上满足共建国家中文教育发展的不同需求。国内中文教材研发出版如火如荼，共建国家却面临“教材荒”，国际中文教材研发出版亟须统筹管理和顶层设计，在优化国际中文教材产品体系的同时应注重出版成果的国际推广，为国际中文教材的研发构建良性的生态机制。

一、构建中外联动机制，加强师资队伍建设

师资短缺、师资能力不足等问题，始终是学界关注的焦点，也随着“一带一路”共建国家中文教育迈向新的阶段而逐渐显露。近年来，为支持共建国家中文教育的发展，中外语言交流合作中心持续不断地选拔优秀教师奔赴各国开展中文教学工作，在一定程度上缓解了共建国家中文教师短缺的局面。此外，中外语言交流合作中心也与共建国家教育部门合作开展本土中文教师培养项目，进一步缓解共建国家中文师资压力。

（一）优化本土中文教师培养方案

当前，“一带一路”共建国家在高等教育阶段均已开设中文课程或设立中文专业，为各国本土中文教师的培养提供了相应的

平台和机会。从前文的分析可知，共建国家中文师资结构及培养体系有待优化。因此，共建国家应从人才储备目标及模式、课程体系建设、学生能力水平等方面对本土中文教师培养方案进行调整和优化。在培养方案制定的过程中应重点关注"本土化"问题，包括培养方式的本土化、培养内容的本土化、培养标准的本土化。培养方式的本土化是指在教学环节应避免思维僵化、照搬中国教学方式，要根据共建国家的教学理念、教学规律和教学传统来进行教学，降低学习者的不适感。培养内容的本土化是指教学实施环节应以共建国家的历史地理、语言文化、风俗民情为素材，提升学习者对教学内容的接受度。培养标准的本土化是指参照《国际中文教师专业能力标准（T/ISCLT 001-2022）》，结合共建国家学前教育、小学、中学各学段不同特点研制分阶性、个性化培养标准，从而提升本土中文人才培养与市场需求的匹配度。

（二）提升输入型中文教师专业素养

当前，输入型中文教师是共建国家中文教育不容忽视的中坚力量，提升输入型中文教师专业素养对共建国家中文教育质量的提升至关重要。总体来看，输入型中文教师主要包括志愿者教师、中国外派教师、校际交流教师和自行应聘教师四大类。志愿者教师大多是从中国高校选拔的国际中文教育专业本科生或研究生，具备理论知识、缺少教学经验；中国外派教师、校际交流教师，教学经验丰富、适应能力较强；自行应聘教师情况较为复杂，个体能力差异较大。由于文化差异、教学方式和话语体系的不同，输入型中文教师在共建国家开展教学活动时面临诸多挑战，可以从以下三点提升输入型教师的专业素养，缓解各种矛盾和不适。第一，提升本土化教学素养。输入型中文教师应以学生为中心，提升本土化教学意识，充分了解共建国家的教学理念、教学方式，主动将个人教学理念、教学经验与之结合，并将共建国家的历史地理、语言文化、风俗民情融入教学内容。第二，提升跨文化交际素养。《国际中文教师专业能力标准（T/ISCLT 001-2022）》中明确要求国际中文教师应具备跨文化交际能力，能够以包容的心态、开放的视野面对全球丰富多彩的文化，能够结合实际情况进行跨文化交际。第三，提升数字教学素养。数字化是世界教育变革新路径，中文教师应了解并关注前沿技术，将数字技术与中文教学过程深度融合，提高教学效率，提升学习者学习体验。

（三）建设“中文+”复合型师资团队

随着共建“一带一路”倡议的不断深入，共建国家学习者学习需求出现转向，“中文+职业技能”教育应运而生。与传统国际中文教育相比，“中文+职业技能”不仅重视语言教学，还重视专业知识的教学和专业技能的提升，因地制宜培养兼备中文语言能力和某一专业技能的复合型人才，教学的实用性和针对性较强。“中文+职业技能”教育对师资和课程提出了更高要求，任课教师需要同时有开展中文教育和专业技能教育的能力。当前，各国中文复合型师资团队建设相对滞后，不能满足复合型人才的培养需求，加快中文复合型师资团队建设是应有之举。从短期发展来看，应积极促进职业院校专业教师、普通国际中文教师的通力合作，实行“双师制课程”，实现双方优势互补，暂时解决“中文+职业技能”教育复合型师资紧缺的问题。从长期发展来看，国内职业院校与普通高校应联合探索复合型师资的培养模式，构建多元化的培养体系，为共建国家"中文＋职业技能"教育的可持续发展提供师资保障。

二、多措并举，保障国际中文教材高质量发展

近年来，国际中文教材出版规模不断扩大，不论是国内开发的国际中文教材，还是共建国家自行编写的本土教材，均品类繁多，共建国家中文教材短缺的问题得到了极大的改善。但在实际选用中，不少教材编写目的不明、使用对象模糊、内容主题陈旧，严重影响了使用体验和教学效果。为保障国际中文教材的高质量发展，还需要从以下几个方面发力。

（一）搭建中文教材管理评估平台

"（国际）中文教材是教材的一个特定门类，指的是以国内外中文学习者为教学对象，以中国语言文字和文化为基本教学内容，以培养学习者中文交际能力和跨文化交际能力为目标的第二语言/外语教材。"[①]2021年12月，中外语言交流合作中心发布《国际中文教育教学资源建设行动计划（2021—2025年）》，明确提出"构建中文教材评价指标体系……推动中文教材精品建设和中文教学高质量发展"[②]。国际中文教材高质量发展是国际中文教育可持续发展的资源支撑，中外语言交流合作中心应加强工作统筹，强化教材监管，牵头制定《国际中文教材管理办法》，重视国际中文教

① 梁宇：《国际中文教材国家形象自塑的二元表达》，《云南师范大学学报（哲学社会科学版）》2022年第3期。

② 《国际中文教育教学资源建设行动计划（2021—2025年）》，中外语言交流合作中心，http://wwwchinese.cn/uploads/file/20220125-1643091013876953.pdf，2021年12月1日。

材编写源头管理，以“全球汉语教材库”为基础，搭建集教材管理、教材评估和教材监测为一体的中文教材评估管理平台。应借助大数据、云计算、人工智能等信息处理技术建立中文教材管理数据库、教材审核管理系统，并按照国别大类、课型小类分类统计，方便中文教师及学习者一站式检索。在对中文教材进行统计管理的同时，组织专家学者根据《国际中文教材评价标准（T/ISCLT 003-2023）》中的评价量表研发中文教材智能评估系统，对教材进行智能评测和自动打分，并在教材的详情介绍中设置读者留言互动板块，为共建国家师生挑选教材提供客观的数据参考。

（二）优化中文教材产品体系

国际中文教材质量直接关系着共建国家中文人才的培养水平。本土化教材开发区域差异显著、国内研发教材在共建国家适配度较低、教材出版滞后难以满足共建国家多元化学习需求等问题的存在充分说明国际中文教材产品体系有待优化。我国相关部门应对国际中文教材的编写、出版做好顶层设计，制定国际中文教材出版计划，把握国际中文教材开发的话语权，促进国际中文教材高质量出版。印度尼西亚、埃及、俄罗斯、意大利、巴基斯坦、肯尼亚六国的中文教育发展水平不一、情况各异，在搭建中文教材管理评估平台的过程中，中外语言交流合作中心应与国内外高校合作设立相关课题组，对共建国家可用教材、短缺教材、急需教材进行实地调研，从学习者年龄层和中文水平、中文课型等层面细化共建国家的教材需求，将各国实际需求与中文教材管理数据库进行比对，找到各国中文教材供需差，号召国内外专家学者及一线教育工作者，组建国际型教材合作编写团队，根据各国学习者的文化背景、学习特点、阅读习惯及语法偏好编写、改编符合各国中文教育需求的本土化中文教材。除了常规的纸质教材编写，还应注意开发教材配套使用的数字资源，音频、视频、配套电子书、电子课件、网站门户、应用程序等配套资源的开发不仅能丰富中文教材的呈现形态，也更符合当前共建国家中文学习者的数字化学习特征。

（三）做好中文教材国际推广工作

近年来，以北京语言大学出版社、外语教学与研究出版社、华语教学出版社、商务印书馆为代表的中国出版机构研发出版的国际中文教材虽成果显著，但国际推广成效不佳，这违背了国内专家学者积极开发国际中文教材的初衷，造成了国际中文教材资源得不到充分利用的窘境。为改善国际中文教材这一供需矛盾，中外语言交流合作中心需组织国内相关出版社积极探索中文教材国际推广的新思路：（1）以建立海外分支机构、构建海外出版联盟的形式拓展中文教材版权输出国家、输出区域；（2）借助孔子学院（课堂）、鲁班工坊等教育机构将精品中文教材介绍并引入共建国家国民教育体系；（3）在共建国家中文教师培训项目中，根据所在国中文教学开展情况，推介其所需的精品教材，弥补教师与教材之间的信息差；（4）与共建国家知名图书经销商签订合作协议，借助本土经销商优的销售资源和渠道资源推销中文教材；（5）重视传统电商平台及社交平台的线上营销，针对不同平台的用户特征，进行分众化和精准化营销；（6）与国际中文教育知名在线教学品牌合作，以优质的内容获得品牌方对教材的认可，进而实现教材销售额的成功转化。

第三节 S-T：立足技术优势与文化底蕴，应对新形势下的风险挑战

物联网、大数据、云计算、人工智能等技术的发展和应用，改变了全球教育生态环境，为国际中文教育提供了丰富的数字资源和优质的服务供给。面对数字化转型的考验，国际中文教育应顺应发展潮流，持续推进数字化教育资源的开发和建设，满足国际中文教育师生的数字化教学需求。

一、完善数字资源服务体系，满足数字化转型需求

教育资源的数字化是教育数字化转型的关键步骤，也是国际中文教育数字化转型的应时之举。为顺应信息化时代教育形态的深刻变革，中外语言交流合作中心制定了《国际中文教育数字资源建设指南》，旨在为国际中文教育数字资源服务体系建设提供参照标准。数字化教学资源的开发符合信息化时代国际中文教学的实际需求，数字化教学资源的不断完善和广泛应用有助于国际中文教育数字化转型。

（一）推进多模态数字资源建设

在国际中文教育数字化转型的背景下，数字资源建设成为国际中文教育高质量发展的重要支撑。以数字教材、网络课程、数字应用为媒介形式的多模态数字资源为国际中文在线教学奠定了内容基础，为“一带一路”共建国家中文学习者提供了多元的学习体验。语音识别、语音合成、自然语言处理等语言智能技术的

应用，为共建国家中文学习者提供了智慧学习新体验，学习内容不再呈现为单一的文本形式，而是以图像、动画、音频、视频等多模态的形式呈现。多模态数字资源既符合当代学习者的学习习惯，又能激发学习者的学习兴趣。我们应在《国际中文教育数字资源建设指南（试行）》的指导下，借助人工智能等现代科技技术，持续完善多模态数字资源建设，重视“一带一路”共建国家中文学习者学习需求的差异化，对不同国别、不同学习群体的需求垂直细分，避免数字资源的开发同质化。在“普适性”数字资源开发的同时注重本土化、个性化、碎片化、智能化学习资源的建设，为共建国家中文学习者提供内容丰富、形式多样、功能齐全的多模态学习资源。在多模态数字资源建设中应加强扩展现实等技术在国际中文教育领域的应用，为中文学习者构建多视角、多场景、多应用的多模态数字资源。

（二）构建数字资源长效治理机制

对数字资源的有效治理是确保国际中文教育高质量发展的基础和前提。国际中文教育数字资源治理涉及教育部门、资源建设单位、资源供给平台、第三方组织、行业协会及资源使用者。当前，国际中文教育数字资源治理机制不明确，缺乏有效的统筹管理，亟须制定以规章制度为主线、信息技术为支撑、数据驱动为核心的监管治理机制。中外语言交流合作中心应根据相关法律法规对各主体的责任和义务进行规定，明确资源建设单位、资源供给平台须遵守的制度条例，对第三方组织、行业协会的参与、合作进行有效约束，对数字资源的开放利用范围进行制度规范。依托人工智能、大数据、云计算、区块链等信息技术建立数字资源监管治理中心，运用数据驱动技术采集样本信息。国际中文教育数字资源治理涉及虚拟治理与现实治理的融合，对数字资源进行虚拟治理的难度较大。在厘清虚拟治理与现实治理的区别和联系后，坚持对数字资源虚拟空间进行现实化治理，有助于国际中文教育数字资源的建设拥有良好的生态环境。构建国际中文教育数字资源长效治理机制，有助于提高国际中文教育数字资源建设的科学性、规范性、合理性和专业性。

（三）提升数字资源的课堂应用率

国际中文教育数字资源建设目前已取得丰硕成果，但数字资源在课堂教学中的实际应用并不理想。提升数字资源的课堂应用率，应从硬件设施和教师素养两方面同时发力。中外语言交流合作中心应重点关注教学硬件设施较落后的国家和地区，考察这些地方中文教学点的教学需求，为其争取相应的政策支持和资金支持，尽快改善其基础设施落后、更新滞后的问题。随着国际中文教育数字化转型的不断深化，中文教师数字素养提升日益迫切。应以教育部 2022 年 11 月 30 日发布的《教师数字素养》为参照，根据国际中文教育的学科特征，对职前及在职中文教师开展数字素养专题培训，增强其数字化教学意识，拓宽其数字技术知识，增强其数字化责任，使其具备在中文教学中合理利用数字技术获取、加工、使用、管理数字资源的能力。基础硬件设备的完善和教师数字素养的提升是数字资源在共建国家课堂教学中得到有效应用的先决条件，数字资源在课堂教学应用率的提升有助于国际中文教育数字化转型的实现。

二、激发语言文化活力，提升中文的国际影响力

中国语言文化具有深厚的历史底蕴、无限的开发潜力，我们要挖掘语言文化的独特魅力、创新语言文化阐释路径、重塑语言文化品牌形象，向“一带一路”共建国家阐释推介具有中国特色、体现中国精神、蕴藏中国智慧的优秀语言文化，促进各国民众对我国语言文化的认知和理解，提升中文在共建国家的声望。

(一) 挖掘语言文化独特魅力

截至 2022 年 12 月，中国列入联合国教科文组织非物质文化遗产名录（名册）项目共计 43 项，总数位居世界第一。国务院公布的国家级非物质文化遗产代表性项目 1557 个，共计子项 3610 个，涵盖民间文学、传统音乐、传统舞蹈、传统戏剧、曲艺、传统美术、传统技艺、传统医药、民俗以及传统体育、游艺与杂技等门类。共建国家学习者熟知的非物质文化遗产有书法、剪纸、太极拳、功夫、中医、京剧、川菜、春节、端午节、中秋节等。相对于我国数以千计的非物质文化遗产项目来说，在中文课堂中被介绍给学习者的仅是冰山一角，有限的内容和特定的呈现方式容易引起国际中文学习者的审美疲劳，降低学习者的求知欲和期待感。国际中文教育工作者应保持较高的觉察力，在教材内容编写、课堂教学设计、主题活动策划中，挖掘优秀语言文化的深层内涵，以现代化的表现方式展现我国优秀语言文化的风采。在语言文化内容选择上，国际中文教育工作者要充分考虑不同国别学习者的文化背景，基于他者视角，选择共建国家学习者喜闻乐见的内容，利用他者文化体系进行解释，适时地融入中文课堂和文化活动，向共建国家中文学习者展现中国语言文化的独特魅力。

（二）创新语言文化阐释路径

“一带一路”共建国家与中国在语言文化、思维方式、价值观念、审美习惯上存在诸多差异，中国语言文化的国际传播面临重重障碍。面对复杂的传播客体，我们应从阐释理念、阐释方式和阐释媒介三方面出发，实现语言文化阐释路径的创新。（1）在阐释理念上，要体现主体间性思维，秉持不同文化平等交流的原则，以开放包容的心态开展跨文化交流。（2）在阐释方式上，要以受众的需求为出发点，用国际受众接受度较高的方式对中国语言文化的深层内涵进行可理解性传递，避免文化冲突。涉及中国传统文化内容时，要注重传统元素的现代表达，寻找传统文化中具有普适性的文化内核，借助音乐、舞蹈、绘画、服饰、雕塑、影视等艺术形式创新传统文化的表达方式，拉近国际受众与中国传统文化的心理距离。（3）在阐释媒介上，要避免单一的文本叙事，充分发挥文字、图片、音频、视频等媒介的传播作用，赋予传统文化多模态的叙事形式，使静态的语言文化变得鲜活生动起来。在民俗文化的体验活动中，还可借助扩展现实技术，为国际受众提供数字化的体验空间，使其沉浸式地欣赏中国传统文化的风采，在审美、情感、观念等多维度对中国语言文化做出积极反应。

（三）重塑语言文化品牌形象

目前，在“一带一路”共建国家影响力最大的语言文化品牌是孔子学院。截至 2023 年 12 月，全球已有 160 个国家和地区设立了 499 所孔子学院和 793 个孔子课堂。[①] 孔子学院在全球的快速

---

① 柴如瑾、唐培兰、李建涛：《中文为桥让世界相通相亲——来自 2023 世界中文大会的声音》，《光明日报》2023 年 12 月 12 日第 7 版。

发展引起了国际社会的极大关注，西方主流媒体的个别报道将其政治标签化，使其陷身于国际舆情困境。孔子学院在全球范围内承担着推广中国语言文化的重任，重塑孔子学院品牌形象有助于中文国际教育事业的提升。孔子学院品牌在2020年全面交由中国国际中文教育基金会运行。作为民间公益组织，中国国际中文教育基金会应积极参与国际性事务，提升国际知名度，为孔子学院转型发展营造良好的舆论氛围，同时做好孔子学院常态化宣传和海外媒体舆情监测，强化舆情危机应变能力，帮助孔子学院化解负面舆论、塑造正面的品牌形象。孔子学院在开展中文教学时要以当地受众需求为先，与当地社区、企业、单位建立良好的合作伙伴关系，为当地民众提供切实的语言教学服务；在组织文化体验、文化交流活动时，要尊重当地文化，寻找文化共通点，围绕民俗、美食、舞蹈、音乐、服饰、建筑、文学、书法、影视等国际性话题，以开放包容的姿态将我国优秀语言文化中具有当代价值、世界意义的内容展示给当地民众，赢得当地民众的好感。在务实耕耘的同时，孔子学院应增强新闻传播意识，借助外方合作单位与所在地主流媒体加强联系，通过创建全平台社交账号构建自己的信息传播矩阵，主动占领舆论阵地。

第四节　T-W：深入推进语言文化交流，助推中外语言文化融通

党的二十大报告提出，要不断提升国家文化软实力和中华文化影响力……增强中华文明传播力影响力，深化文明交流互鉴，

推动中华文化更好走向世界。[①] 新时代，国际中文教育应该肩负起传播中华文化、推进中外人文交流的使命和责任，积极探索中外文化交流的途径，大力联动国际知华、友华、爱华力量，为深入推进中国与“一带一路”共建国家多元文明交流互鉴做出新贡献。

一、拓宽中外文化交流途径，提升中华文化国际传播效能

党的二十大报告强调，要“加强国际传播能力建设，全面提升国际传播效能，形成同我国综合国力和国际地位相匹配的国际话语权”[②]。同时，习近平总书记对宣传思想文化工作作出重要指示，提出“七个着力”，其中就包括“着力加强国际传播能力建设、促进文明交流互鉴”[③]。国际中文教育作为“一带一路”共建国家了解中国的重要平台，在增强中国国际影响力方面发挥了重要作用，要深入推进中国与共建国家的语言文化交流，还需从以下几个方面进行拓展。

（一）探索中外国际教育合作的新模式

中外合作办学是提升国际中文教育国际影响力的重要路径。要拓宽国际中文教育合作的领域，需持续推动中外合作办学模式

---

① 《习近平：高举中国特色社会主义伟大旗帜 为全面建设社会主义现代化国家而团结奋斗——在中国共产党第二十次全国代表大会上的报告》，新华网，http://www.xinhuanet.com/politics/2022-10/25/c_1129079429.htm，2022 年 10 月 25 日。

② 《习近平：高举中国特色社会主义伟大旗帜 为全面建设社会主义现代化国家而团结奋斗——在中国共产党第二十次全国代表大会上的报告》，新华网，http://www.xinhuanet.com/politics/2022-10/25/c_1129079429.htm，2022 年 10 月 25 日。

③ 《坚定文化自信秉持开放包容坚持守正创新 为全面建设社会主义现代化国家全面推进中华民族伟大复兴提供坚强思想保证强大精神力量有利文化条件》，《人民日报》2023 年 10 月 9 日第 1 版。

的创新。

首先，中外国际教育合作应充分发挥现代教育技术优势，进一步通过在线教育、远程教学等创新中外办学模式。如枣庄学院和俄罗斯伏尔加格勒国立大学开展了线上交换生项目。

其次，中外国际教育合作还需注重参与主体的多元化，促使多方主体参与到合作办学中来，推动中央与地方合作发力、提升合作办学的成效。

同时，"一带一路"共建国家高校之间也应加强联系，借助高校的桥梁作用，加强共建国家在教育、文化、旅游、科技、经济等方面的合作交流；邀请中外知名专家、教授等开展学术讲座等，体现国际合作的视野和特色。

最后，中外国际教育合作应依托共建国家语言专业及地理优势，探索更具特色的合作办学品牌。如中意合作创办的无锡太湖学院都灵美术学院、意大利乌迪内美术学院与河南罗山第二高级中学合作办学，以及渭南师范学院与莫斯科国立师范大学联合办学等。积极打造合作办学品牌，突出"一带一路"共建国家地域特色，充分挖掘共建国家优质专业和教育力量合作办学，在培养更多语言及专业人才的同时，助推国内高等教育国际化发展，进一步推动中文及中华文化"走出去"。

（二）注重语言文化传播的分众化和区域化

习近平总书记提出："要采用贴近不同区域、不同国家、不同群众受众的精准传播方式，推进中国故事和中国声音的全球化表达、区域化表达、分众化表达，增强国际传播的亲和力和实效性。”[①] 因此，中文以及中华文化在“一带一路”共建国家的传播过程中也需要注重差异化和分众化表达。首先，要把握共建国家受众真实、多元的语言及文化需求和特征，根据共建国家的政治以及舆论环境等，对共建国家受众进行精准化调查。在此过程中可充分借助人工智能强大的信息处理技术，准确掌握当地受众画像，从而制定精准化的传播策略。其次，要依据不同传播内容，优化和调整传播方式。如文化、体育、风景、美食等不同传播内容在传播方式方面需要凸显差异，以充分挖掘传播内容的特点和优势。最后，传播方式需契合共建国家媒体发展情况。在共建国家中，如肯尼亚等国家的新媒体应用并不成熟，更为依赖传统的媒体形式，针对该国家的传播形式需有所调整。实现对于共建国家受众语言及文化的精准推送，有助于提升中文以及中华文化在共建国家的接受度和认同感。

（三）着力提高中华文化感召力和认知度

习近平总书记在文化传承发展座谈会上强调：“在新的起点上继续推动文化繁荣、建设文化强国、建设中华民族现代文明，是我们在新时代新的文化使命。”[②] 推动中华文化“走出去”，还需探索中国自身的文化产品发展。提升我国文化产品在世界文化市场占据的份额，还需进一步探索中华文化产品的竞争力和吸引力。首先，持续挖掘中华文化魅力，培育中华文化品牌。将中国传统文化与文化品牌充分结合，积极挖掘中华传统文化中的独特元素

① 《习近平在中共中央政治局第三十次集体学习时强调 加强和改进国际传播工作 展示真实立体全面的中国》，《人民日报》2021 年 6 月 2 日第 1 版。

② 《习近平：在文化传承发展座谈会上的讲话》，《求是》2023 年第 17 期。

为文化品牌赋能，从而提升品牌艺术价值与文化内涵。

其次，动态把握时代文化发展趋势和动向。近些年，中国的网络文学、网络音乐、网络游戏、影视作品等成功“出海”，在海外受众基础较大，国际传播成效较为显著，是推动中文及中华文化海外传播、提升中国知名度的重要载体。因此，应把握这一时代热点，推动更多海外受众感兴趣的、凸显中华文化以及时代精神的文化产品“出海”，实现更多文化产品的产业转化。

再次，挖掘传播内容的人类共同价值，展现人类命运共同体理念。借助具备国际格局的文化符号，在文化国际传播中放大文化共性，提升文化共识。如在北京和意大利米兰开展的“中国·意大利冰雪之缘冬奥主题展”以“线上+线下”的形式充分展现了中意两国的冰雪运动与文化。借助音乐、舞蹈、体育等公共符号开展文化传播，可以一定程度上减少文化折扣，更好地实现价值与情感共振。

最后，提升文化的认知度还需充分运用多种媒体渠道。新型媒体的迅速发展改变了以往单一模态的传播方式，借助现代技术等开展语言文化传播，符合信息化时代受众碎片化的消费需求。新时代的中华文化传播应更注重媒体的融合发展，借助信息技术数字化储存中华优秀文化资源。创新中华文化传播的呈现方式，如《国家宝藏》《如果国宝会说话》《典籍里的中国》等就通过影视化的形式重现了历史故事。借助新媒体、新技术教授语言文化知识，建立中文学习者的新媒体管理体系等，有助于提升语言教学的交互感、激发中文学习者的学习热情，提高教学效率、推动国际中文教育方式转型升级，进一步服务国际中文教育事业和文化传播事业。

二、加强海外爱国力量建设，营造语言文化传播良好氛围

习近平总书记指出：“讲好中国故事，传播好中国声音，展示真实、立体、全面的中国，是加强我国国际传播能力建设的重要任务。”[①] 营造良好的语言文化传播氛围需加强海外爱国力量建设，重视中国国际形象塑造。这需要从以下几个方面发力。

（一）发挥华人华侨的积极作用

首先，优化中文在“一带一路”共建国家华人华侨群体中的传播途径和方式。具体做法为提供多语种传播，拓展传播渠道，搭建更为优质的文化交流平台。目前中文在海外传播的途径以及内容总体来讲仍然较为单一，不太能够满足青年人的需求，对于受众的吸引力较弱。因此，还需进一步结合新时代的发展要求以及青年人的多元文化需求，打造具备国际化视野且趣味性高的交流平台，开展满足不同年龄阶层的语言及文化活动，等等。

其次，发挥华文媒体在“一带一路”共建国家讲述中国故事、传递中国声音等方面的重要作用。华文媒体需重视优质的内容的生产，抓住实时新闻热点，突出报道内容的趣味性和故事性等；华文媒体要继续秉持国际视野，依据不同国家的语言、文化、政治等现状，实现中国声音的差异化表达。信息技术的发展对华文媒体也提出了更高的要求，在加快推进华文媒体数字化转型、持续推进线上平台服务的同时，还需加强大数据以及个性化算法的发展和应用。华文媒体还需充分发挥地区优势，加强与共建国家本

① 《习近平在中共中央政治局第三十次集体学习时强调 加强和改进国际传播工作 展示真实立体全面的中国》，《人民日报》2021 年 6 月 2 日第 1 版。

土媒体的合作，形成更多类型、更多语种的新闻报道。

最后，还需加大对海外华文教育组织和学校的支持力度，为更多的海外华侨提供更多的华文学习机会；发挥中国政府以及共建国家政府的主体作用，推动华文学校转型，改善部分共建国家华文教育局限于课外辅导的局面；推动华文教育的标准制定、资源建设、师资培养等，构建完整、规范的华文教育体系；加强华人华侨的华文学习的内生动力，侨务部门可以通过建立侨乡祠堂、组织文化交流活动等增强华人华侨对中华文化的认同感和归属感，从而提升华人华侨参与中华文化传播的积极性。

（二）培养知华友华的国际人才

习近平总书记高度重视我国国际传播能力建设，在给北京科技大学全体巴基斯坦留学生的回信中写道："希望大家多了解中国、多向世界讲讲你们所看到的中国，多同中国青年交流，同世界各国青年一道，携手为促进民心相通、推动构建人类命运共同体贡献力量。"[①] 借助"他者"视角讲述中国故事能够以更真切的态度以及更多样的形式描绘真实的中国面貌，为中国故事提供国际化表达方式，从而减弱国际消极声音影响、改善中国的海外国际形象。

首先，加强来华留学生课程建设。针对不同语言文化背景的留学生开设针对性的国情文化课程等。深入挖掘中华优秀文化的教育功能和价值，有机融入课堂教学和实践，形成语言教学与育人的有机统一；充分利用地域及文化优势，打造极具地方特色的语言及文化课程，让来华留学生深入了解中国国情以及中华文化，

---

① 《习近平给北京科技大学全体巴基斯坦留学生回信》，《人民日报》2020 年 5 月 19 日第 1 版。

感受真实、全面、立体的当代中国。

其次，鼓励来华留学生参与社会实践。积极构建活动实践基地，通过开设“第二课堂”等加强对来华留学生的课外实践教育；鼓励留学生通过参加实习实践、志愿者活动等深入融合社会；组织留学生参观博物馆、革命根据地、创新创业项目、乡村振兴项目、产业园区等，引导他们在实践中了解中国，知晓中华文化精神内涵，并通过完成调研或实践报告等形式提升社会实践深度。

最后，引导来华留学生实现多元立体的表达。学校需积极为来华留学生提供文化交流平台，如联合国中文日、中文交流周、中文比赛等，引导来华留学生由中文学习者转变为中文及中华文化的传播者和讲述者。同时，鼓励来华留学生借助短视频、直播等形式表达自我，将目睹的中国发展变化传递给世界，展现立体多元的中国形象。

（三）发挥国际汉学家的影响力

汉学是阐述中国智慧、展现中国精神的重要窗口，在中华文化的国际传播中发挥着独特的作用。推动中国与“一带一路”共建国家的语言文化深度交流，还需着重发挥汉学家的影响力。

首先，加强优秀汉学人才的培养。中外相关政府部门、机构以及高校应积极为汉学人才赴华交流学习提供更多的机会，积极推动相关交流学习项目，培养更多了解中国国情、熟知中华文化的优秀汉学人才。

其次，深度挖掘和利用国际汉学家资源，加强中华文化的对外传播。鼓励共建国家汉学家参与中国相关文化交流活动和相关领域的重要政策咨询、决策，为相关汉学研究提供智力支持；加强汉学家对中国国情以及文化的深入体验和感知，为汉学研究的发展以及汉学的国际传播提供坚实力量。

最后，要形成"一带一路"共建国家汉学家的良性互动交流机制。通过开设汉学家交流大会、建设汉学家交流基地等打造汉学家的交流平台，形成开展汉学交流的常态化机制。第三届文明交流互鉴对话暨首届世界汉学家大会在2023年于中国国家版本馆召开，多个共建国家的汉学家在大会上发言。大力推进"一带一路"共建国家汉学家交流机制构建，有助于实现资源共享，推动汉学互联互通，进一步提升汉学的国际传播能力。

结　语

当前，共建“一带一路”倡议已经迈入新的十年。过去十年里，中文在促进共建国家的中外融通、深化合作等方面做出了积极贡献。随着中国国际地位和影响力的提升，中文的世界性、通用性不断增强。推动中文快速走向全球、高质量服务世界，成为当前国际中文教育的重要目标。国际中文教育作为世界认识中国的“钥匙”，是推动“一带一路”区域语言互通、文化互鉴、民心相融的直接抓手。

本书立足国际中文教育“学科发展”和“战略规划”双向融合的视野，在推动国际中文教育发展、做好中文教学主业的同时，聚焦百年未有之大变局、共建“一带一路”倡议和构建人类命运共同体等时代背景，尝试将管理学的SWOT战略管理模型应用于国际中文教育领域，以亚欧非三大洲的印度尼西亚、巴基斯坦、俄罗斯、意大利、埃及、肯尼亚等六个代表性共建国家为研究对象，综合运用大数据爬取、态势分析等方法获取一手资料和研究数据，并在此基础上综合分析影响国际中文教育发展的内外部态势，制定以态势驱动为导向的国际中文教育复合型发展战略，增强国际中文教育的时代内涵与韧性，扩展国际中文教育为世界发展贡献中国智慧、中国方案、中国力量的应用空间。

本书共分为五大部分：

第一部分通过对共建国家中文教育的背景考察与历程回溯，介绍了六个代表性共建国家中文教育的宏观生态结构，包括语言文化背景、中华文化国际传播及中文教学发展历程。从历史发展到现实基础，从本土背景到交流往来，为国际中文教育态势分析奠定宏观教育生态研究基础。

第二部分通过对共建国家国际中文教育的现状调研获取了客观真实的数据资料。基于第一手数据与资料，厘清各国国际中文教育发展现状，归纳分析国际中文教育发展特点，全面掌握“一带一路”共建国家和地区的国际中文教育发展概貌，为国际中文教育态势分析奠定教育微观生态研究基础。

第三部分基于国际中文教育的宏观、微观生态结构与条件，以 SWOT 模型的内部基本要素——以字母 S 代表的内部优势（Strength）和以字母 W 代表的内部劣势（Weakness）为纲，对国际中文教育发展的内部优势，如悠久的中外交流与中文教学历史、利好的教育政策、多元的教育渠道等，以及内部劣势，如教学资源建设困境、语言文化差异造成的习得阻碍等进行分析，为国际中文教育发展的战略制定奠定内部条件基础。

第四部分以中外交流合作机制，以及当今国际关系和世界局势为基础，以 SWOT 模型的外部基本要素——以字母 O 代表的外部机遇（Opportunity）和以字母 T 代表的外部挑战（Threat）为纲，对国际中文教育发展的外部机遇，如中外交流与合作的持续助力、数字化教育的发展契机、百年大变局下的国际格局重塑等，以及国际中文教育发展的外部挑战，如恐怖袭击与地区冲突等局部安全形势、国际媒体对华的负面报道等进行分析，为国际中文教育发展的战略制定奠定外部环境基础。

第五部分运用系统分析法将第三部分和第四部分的四维要素相互匹配分析，进而形成相应的四维战略，具体包括：发挥政策与渠道优势，推动国际中文教育高质量发展的S-O战略、秉持共商共建共享理念，攻克国际中文教育现存难题的W-O战略、立足科技优势，应对新形势下的风险挑战的S-T战略，以及深入推进语言文化交流，助推中外语言文化融通的W-T战略。

本书不仅将海外本土"第一"视角和全球视野深度融合，在充分调研的基础上多元、立体呈现国际中文教育海外发展概貌，还基于国际比较视野分析共建国家中文教育发展的共性、差异及特征规律，提出精准对接共建国家多元化、个性化的社会需求中文教育发展战略，兼具学理价值与现实意义。具体体现在以下三方面：

其一，立足跨学科融合视域，推动新时代海外国际中文教育学科体系发展完善。本书融汇了语言学、管理学、教育学等学科的理论、方法和最新研究成果，从历史和现实、理论和实践相结合的角度，系统考察六个代表性"一带一路"共建国家中文教育发展的独有特征与规律，深化国际中文教育理论体系的既有主题和内容，丰富新时代海外国际中文教育学科体系的整体构成。

其二，动态更新数据，为"一带一路"相关研究及政策规划提供一手资料。本书借助大数据爬取技术，对共建国家的中文教育概况、中外语言文化交流历史与现状等相关数据进行采集、归纳和分析，同时充分利用海外一线教学团队成员提供的丰富教学数据，动态更新国际中文教育的教师、教材、教学等信息资源库，为相关研究提供了数据基础，也为国家和地方政府出台相关规划及政策提供咨政建言与数据支撑。

其三，构建中文国际学术话语体系，为“一带一路”高质量发展提供学理支撑。本书有助于提升中文的国际交际价值和全球影响力，在贡献中国智慧和中国方案的过程中丰富中国国际话语的呈现方式，形成同我国综合国力相适应的中文国际学术话语体系，强化共建“一带一路”倡议的学理支撑，为高质量共建“一带一路”注入学术智慧和思想动力。

尽管本书力求全面、深入地探讨“一带一路”共建国家中文教育发展的现状与趋势，但由于国际中文教育发展的动态性与复杂性，仍存在一些不足之处。一是动态数据有待更新。共建国家国情舆情语情复杂多元，中文需求度及教育发展程度不一且始终处于动态变化之中，且由于中文学习需求的不平衡、中文教育发展的差异性等因素使得区域数据体量差距较大，部分相关数据需根据最新发展趋势进行动态更新验证，以全面真实地反映共建国家国际中文教育的最新进展。二是发展战略还需在实践层面进行检验优化。由于国内外形势不断变化发展，共建国家国际中文教育的发展战略还需进一步试点验证，在课程开发、资源建设、人才培养等方面不断调整优化，并形成一整套系统的、特色突出的战略方案，为今后相关领域的研究实践提供参考依据。

总体而言，新形势下的国际中文教育发展要多措并举、多管齐下，形成多点突破、多点开花的多元化国际中文教育大格局。面向共建“一带一路”倡议的新十年，应立足共建国家中文教育稳定发展的孔子学院品牌、系统完善的学校教育、高端专业的研究中心、特色导向的职业培训和智慧高效的数字教育，构建“五位”并举的全口径全方位、多元一体的中文教育格局，为国际中文教育新业态和新发展模式注入鲜活动力，努力发挥中文作为高质量共建“一带一路”的“强心剂”和“助推器”的重要作用，实现中文教育从“走出去”到“融进去”。

书稿付梓之际，仍存诸多未尽之言，一些论述或许尚显浅薄，一些观点也可能仍待进一步推敲和完善，望大家不吝赐教，让本书能够在未来的补充与修正中不断丰富，为国际中文教育事业贡献更多的力量。

参考文献

一、专著

[1] 吕叔湘、李临定：《现代汉语八百词》，商务印书馆 1980 年版。

[2] 董佳：《东南亚、南亚经济概论》，上海财经大学出版社 2019 年版。

[3] 季诚钧、徐少君、李旭：《埃及高等教育研究》，中国社会科学出版社 2010 年版。

[4] 李晶：《“一带一路”国家国情　俄罗斯》，经济管理出版社 2017 年版。

[5] 李新烽、邓延庭、张梦颖：《中国与肯尼亚友好合作》，中国社会科学出版社 2018 年版。

[6] 钱晓蕙、陈晓慧：《俄语语言文化史》，北京大学出版社 2015 年版。

[7] 威廉·冯·洪堡特：《论人类语言结构的差异及其对人类精神发展的影响》，姚小平译，商务印书馆 1997 年版。

[8] 爱德华·萨丕尔：《萨丕尔论语言、文化与人格》，高一虹等译，商务印书馆 1997 年版。

[9] 爱德华·萨丕尔：《语言论——言语研究导论》，陆卓元译，商务印书馆 1985 年版。

[10] 本杰明·李·沃尔夫：《论语言、思维和现实——沃尔夫文集》，高一虹等译，湖南教育出版社 2001 年版。

[11] 安然等：《孔子学院跨文化传播影响力研究》，中国社会科学出版社 2017 年版。

二、期刊论文

[1] 阿尤布·穆赫瓦那、P. I. 伊莱贝姆万吉著，许可译：《语言态度和语言规划：2010 年后肯尼亚的新趋势》，《非洲研究》2021 年第 1 期。

[2] 安雨帆：《意大利：120 万大学生参加线上课程学习》，《上海教育》2020 年第 14 期。

[3] 陈雯、刘丽莎、雷莉：《新形势下埃及中文教学资源发展研究》，《云南师范大学学报（对外汉语教学与研究版）》2021 年第 4 期。

[4] 崔钰：《当代俄罗斯汉语教学现状》，《开封教育学院学报》2015 年第 4 期。

[5] 邓时忠：《埃及艾因夏姆斯大学语言学院中文系汉语教学现状及发展策略》，《国外汉语教学动态》2004 年第 3 期。

[6] 邓时忠：《埃及的大学汉语教学》，《云南师范大学学报（对外汉语教学研究版）》2006 年第 3 期。

[7] 耿红卫：《印度尼西亚华文教育的历史沿革与现状》，《云南师范大学学报（对外汉语教学与研究版）》2007 年第 3 期。

[8] 郭晶、吴应辉等：《国际中文教育数字资源建设现状与展望》，《国际汉语教学研究》2021 年第 4 期。

[9] 国家汉语国际推广领导小组办公室编：《国际汉语教师标准》，外语教学与研究出版社 2008 年版。

[10] 何克抗：《大数据面面观》，《电化教育研究》2014 年第 10 期。

[11] 贾益民：《新时代世界华文教育发展大趋势》，《世界华文教学》2019 年第 1 期。

[12] 教育项目研究组：《构建“中文 + 职业技能”教育高质量发展新体系》，《中国职业技术教育》2021 年第 12 期。

[13] 金欣：《埃及的语言政策与语言状况》，《天津外国语大学学报》2016 年第 3 期。

[14] 寇贺英：《美国对“一带一路”倡议污名化问题研究》，外交学院

2021 年硕士学位论文。

[15] 雷丽平、李渤：《俄罗斯汉学的发展演变及其现实意义》，《东北亚论坛》2011 年第 4 期。

[16] 李宝贵、庄瑶瑶：《后疫情时代国际中文教师信息素养提升路径探析》，《语言教学与研究》2021 年第 4 期。

[17] 李宝贵、庄瑶瑶：《中文纳入“一带一路”共建国家国民教育体系的特征、挑战与对策》，《语言文字应用》2020 年第 2 期。

[18] 李宝贵、刘家宁：《新时代国际中文教育的转型向度、现实挑战及因应对策》，《世界汉语教学》2021 年第 1 期。

[19] 李火秀：《“一带一路”背景下巴基斯坦语言教育政策发展现状及前瞻》，《江西理工大学学报》2019 年第 6 期。

[20] 梁琳琳、杨亦鸣：《充分掌握“一带一路”共建国家语言国情》，《中国社会科学报》2017 年 2 月 17 日第 5 版。

[21] 梁宇：《孔子学院教学资源发展研究》，《教育学术月刊》2021 年第 5 期。

[22] 刘海玲：《肯尼亚汉语教学中的文化教学》，兰州大学 2014 年硕士学位论文。

[23] 刘志刚：《选择性误读下孔子学院跨文化传播的三重困境》，《传媒观察》2021 年第 6 期。

[24] 龙吟：《“一带一路”背景下对外汉语教学与文化传播——以对非洲国家为例》，《当代教育实践与教学研究》2018 年第 4 期。

[25] 陆珏璇、高雪松：《国际中文教育教师规划研究：现状与对策》，《云南师范大学学报（对外汉语教学与研究版）》2022 年第 5 期。

[26] 马箭飞、梁宇、吴应辉、马佳楠：《国际中文教育教学资源建设 70 年：成就与展望》，《天津师范大学学报（社会科学版）》2021 年第 6 期。

[27] 马箭飞：《国际中文教育信息化建设成效及发展方向——在国际中文智慧教育工程成果发布会上的讲话》，《世界汉语教学》2022 年第 3 期。

[28] 邱晨：《对俄汉语教材研究》，辽宁大学 2012 年硕士学位论文。

[29] 史安斌、盛阳：《从“跨”到“转”：新全球化时代传播研究的理论再造与路径重构》，《当代传播》2020 年第 1 期。

[30] 史华罗、王红霞:《17 至 18 世纪意大利人对中国的印象和想象》,《复旦学报(社会科学版)》2008 年第 3 期。

[31] 舒海燕:《“一带一路”背景下汉语言文化在俄罗斯的传播研究》,西安建筑科技大学 2019 年硕士学位论文。

[32] 宋红波、沈国环:《“一带一路”共建国家语言教育政策研究》,武汉大学出版社 2020 年版。

[33] 宋伊雯、王小暖:《巴基斯坦—中国职业技术学院举行合作协议签约仪式》,《山东商业职业技术学院学报》2023 年第 1 期。

[34] 汪磊:《俄罗斯汉语教育现状与发展趋势》,《西伯利亚研究》2020 年第 1 期。

[35] 王功平、刘瑜、张绮,《“一带一路”共建国家数字化听说类汉语教材使用情况调查研究》,《国际汉语教学研究》2023 年第 1 期。

[36] 王辉、王亚蓝:《“一带一路”共建国家语言状况》,《语言战略研究》2016 年第 2 期。

[37] 王辉:《新冠疫情影响下的国际中文教育:问题与对策》,《语言教学与研究》2021 年第 4 期。

[38] 王添淼:《国际中文师资培训模式的构建——基于美国 TESOL 项目的启示》,《河北师范大学学报(教育科学版)》2021 年第 2 期。

[39] 王晓明:《近五十年来巴基斯坦汉语国际教育研究述评》,《大理大学学报》2019 年第 11 期。

[40] 王妍:《跨文化传播学研究的三个维度》,《传媒》2018 年第 14 期。

[41] 王钰清:《巴基斯坦卡拉奇大学孔子学院汉语教学现状调查》,四川师范大学 2016 年硕士学位论文。

[42] 王战、李永全、姜锋、于运全、徐明棋、冯绍雷:《俄乌冲突、全球政治经济转型及其对中国的影响》,《俄罗斯研究》2022 年第 3 期。

[43] 吴应辉、梁宇、郭晶:《全球中文教学资源现状与展望》,《云南师范大学学报(对外汉语教学与研究版)》2021 年第 5 期。

[44] 吴应辉:《关于国际汉语教学“本土化”与“普适性”教材的理论探讨》,《语言文字应用》2013 年第 3 期。

[45] 徐娟、宋继华:《对外汉语教师信息素养的内涵、评价体系与培

养》，《国际汉语教学动态与研究》2006 年第 1 期。

[46] 徐丽娜：《大学二外俄语教学探讨》，《黔西南民族师范高等专科学校学报》2007 年第 3 期。

[47] 严晓鹏、郑婷：《中国语言文化在海外华侨华人社会中的传播研究：基于对意大利华侨华人社会的考察》，浙江工商大学出版社 2018 年版。

[48] 杨现民、余胜泉：《论我国数字化教育的转型升级》，《教育研究》2014 年第 5 期。

[49] 姚涵：《意大利媒体对孔子学院的报道（2006—2015）——基于新闻网站的调查与分析》，山东大学 2016 年硕士学位论文。

[50] 于沛：《百年未有之大变局与世界历史进程》，《世界社会主义研究》2022 年第 4 期。

[51] 张路：《“一带一路”视角下埃及汉语教学资源建设研究》，华侨大学 2019 年硕士学位论文。

[52] 张未然：《新形势下孔子学院的舆情困境：特征、原因与对策》，《现代传播（中国传媒大学学报）》2021 年第 3 期。

[53] 赵磊：《从世界格局与国际秩序看“百年未有之大变局”》，《中共中央党校（国家行政学院）学报》2019 年第 3 期。

[54] 郑丹丹、王婷：《学习结果分类理论与对外汉语教学》，《海外华文教育》2015 第 1 期。

[55] 郑东晓、杜敏：《国际中文教育亟须提升数据治理能力》，《中国社会科学报》2022 年 9 月 20 日第 3 版。

[56] 郑红莲、胡旻、孙辉：《CMC 网络环境下的高校双语教学策略及应用》，《南昌工程学院学报》2006 年第 4 期。

[57] 周聿峨、陈雷：《浅析印尼华文教育的复苏及前景》，《比较教育研究》2003 年第 9 期。

[58] 朱文夫、武彦军、穆罕默德·阿里：《埃及苏伊士运河大学汉语教学管理中的问题与对策》，《华北电力大学学报（社会科学版）》2013 年第 4 期。

[59] 朱湘燕、黄舒萍：《印尼苏北华语口语词汇与现代汉语词汇差异调查》，《华文教学与研究》2013 年第 1 期。

图书在版编目(CIP)数据

基于SWOT的"一带一路"共建国家国际中文教育发展战略研究/雷莉等著.--北京:商务印书馆，2025.

ISBN 978-7-100-24843-3

Ⅰ. H195.3

中国国家版本馆 CIP 数据核字第 202566RJ49 号

基于 SWOT 的"一带一路"共建国家

国际中文教育发展战略研究

雷莉　等著

商　务　印　书　馆　出　版

(北京王府井大街 36 号　邮政编码 100710)

商　务　印　书　馆　发　行

山东临沂新华印刷物流集团

有　限　责　任　公　司　印　刷

ISBN 978-7-100-24843-3

2025 年 6 月第 1 版　　开本 889×1194 1/16

2025 年 6 月第 1 次印刷　　印张 13½

定价：82.00 元